conexão

Uma nova visão da mediunidade

Preparação de originais,
Revisão e Editoração Eletrônica
Sandra Martha Dolinsky

Direção de Arte
Luiz Antonio Gasparetto
Capa
Kátia Cabello

3ª edição
Setembro • 2001
5.000 exemplares

Publicação, Distribuição
Impressão e Acabamento
CENTRO DE ESTUDOS
VIDA & CONSCIÊNCIA EDITORA LTDA.

Rua Santo Irineu, 170
Saúde • CEP 04127-120
São Paulo • S.P. • Brasil
F.: (11) 5574-5688 / 5549-8344
FAX (11) 5571-9870 / 5575-4378
E-mail: gasparetto@snet.com.br
Site: www.gasparetto.com.br

Maria Aparecida Martins

conexão

Uma nova visão da mediunidade

EDITORA GRÁFICA VIDA & CONSCIÊNCIA

Sumário

Conexão

Um estudo sobre mediunidade.
Uma curiosa qualidade do ser e sua relação com a personalidade.

"À luz da mediunidade:
a revelação do saber, a ajuda no evoluir,
o bálsamo a reequilibrar."

"À luz da mediunidade:
a eternidade é mais perto, os laços são mais amplos,
Deus é um amigo íntimo."

Gasparetto

Mediunidade: uma porta para o infinito, uma oportunidade.

Mediunidade: conhecimento revelado, conhecimento democratizado, conhecimento espalhado.

Mediunidade: comunicação, capacidade de percepção extra-sensorial, paranormalidade, ligação, meio de contato, capacidade transfisíca, sexto sentido, intercâmbio.

Mediunidade – Conexão – Personalidade

Muitos Caminhos

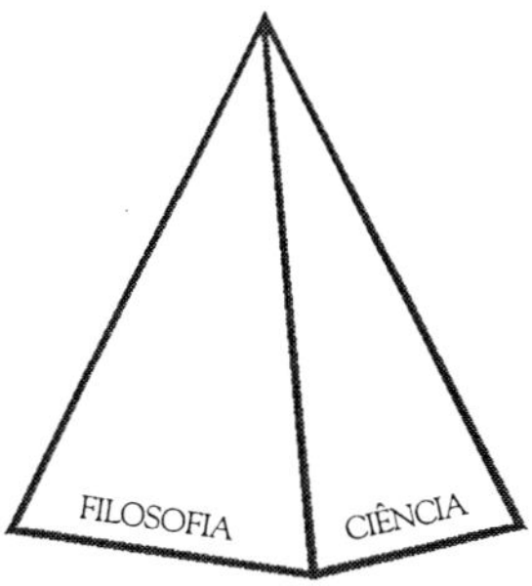

Muitos são os caminhos dos quais o homem pode dispor no processo de sua aprendizagem.

Você pode escalar a pirâmide do conhecimento escolhendo a face da Filosofia, da Ciência, da Arte ou da Revelação. Imagine que nossa pirâmide é como o Corcovado, que possui muitos degraus. Depois de ter subido vinte degraus pela face da Filosofia, você pode continuar a escalada pela face da Ciência, sem necessidade de voltar ao zero inicial. Você sobe pela face que preferir, quantos degraus quiser em cada uma delas.

Filosofia: o estudo da essência das coisas, das suas causas primárias.

Lembra-se de quando você estava na escola e o professor fez a apresentação do time grego? Vestindo a camiseta olímpica entram em campo:

• Pitágoras (séc. V a.C.) – filósofo matemático. Para ele, os números regem o mundo; à escola pitagórica devemos as descobertas matemáticas, geométricas, astronômicas, a tábua de multiplicação, o sistema decimal.

- Sócrates (séc. IV a.C.) – tomou a alma humana como objeto de estudo. O "conhece-te a ti mesmo", que volta a ser valorizado hoje, é a máxima que domina toda sua filosofia, todo seu pensar.
- Platão (séc. IV a.C.) – disse que as coisas do mundo concreto são copiadas do mundo das idéias. Gostava de refletir, de argumentar (dialética), teorizava sobre as idéias.

Arte: *o perceber através da sensibilidade e representar essa realidade (abstrata) por meio da música, da poesia, da dança, da pintura, da literatura.*

Enfim, existe um conjunto de meios dos quais o homem pode se utilizar para despertar sensações, para tocar sentimentos. E o artista, muitas vezes, em seu "transe", adianta-se no tempo e faz premonições em suas obras, seja na literatura, na pintura, ou noutra qualquer. O artista é o profeta da atualidade.

Assistimos aos seriados de Flash Gordon na tela do cinema, depois assistimos à descida da nave Apolo 11 pela tela da TV da nossa sala. A *Anunciação* pintada por Fra Angélico (séc. XIV) apresenta uma impressionante coincidência com as fotos Kirlian, no tocante ao aspecto de luminosidade cortada por pequenas fagulhas. Os artistas sempre representaram os anjos, santos e madonas com uma luminosidade ao redor do corpo, principalmente da cabeça, muito antes da Kirliangrafia retratar a energia emanada pelos corpos.

Ciência: *um trabalho metódico, de investigação, de observação, de mensuração, de repetição dos fenômenos, que resulta em domínio do conhecimento.*

A Ciência procura descobrir o caminho que a natureza já traçou para as coisas.

Revelação: o conhecimento revelado que vem através dos profetas.

Em todos os tempos, em todas as culturas o homem fez uso dessa fonte de conhecimento. Os Dez Mandamentos são aceitos como uma revelação divina. Os xamãs ou pajés conduziam a vida espiritual de suas tribos, além de revelar onde buscar alimentos, onde plantar... As tribos africanas falam em rodas de forças no espírito, os hindus e os teosofistas ingleses as batizaram de chacras. Mais recentemente Reich divulgou seus conhecimentos bioenergéticos, onde relata que as couraças se encontram nos mesmos locais das rodas de forças dos nativos africanos.

Então, matamos nossa sede de saber através da Filosofia, da Arte, da Ciência ou da Revelação, sendo que uma não invalida a outra. É como fazer uma viagem daqui para escalar o Everest; você pode escolher ir de navio ou de avião. Onde o navio não chega, você pega um carro até onde há estrada; quando acabar a estrada, você monta no lombo de um burro, e quando o burro não subir mais, é hora de ir a pé.

É sabido, também, que na viagem terrena cada qual usa os meios de transporte de sua preferência, que possam ser utilizados ou aos quais está mais acostumado. Sabemos ainda que muitos se recusam a sair de seus condicionamentos, como aquele passageiro que desce do avião e fica parado no aeroporto até... decidir continuar.

A vida espera, outras vezes estimula, mais adiante dá um pescoção, enviando algumas dificuldades. A vida é como uma professora muito sábia que conhece o melhor método de aprendizagem de cada um.

Tenho ouvido muito que o homem só aprende pelo caminho da dor. Não é o que eu observo. Pare e pense: toda sua aprendizagem ocorreu apenas pelo processo da dor?

Se você responder que sim, que aprendeu tudo que sabe através da dor, procure descobrir uma outra face do dado, porque se existe outro lado para mim pode existir também para você.

Aprendo observando, deduzindo. Não preciso pôr minha mão no fogo para saber que ele queima, que arde. A inteligência é um atributo do Ser que você é. Faça uso dela, invista, esforce-se.

Esforço é usar a força da essência, não é sofrer.

Neste livro falaremos das múltiplas facetas do Ser, sem desprezar nenhum dos lados da pirâmide.

Todos os conhecimentos podem conviver em harmonia, como as árvores de um pomar que se cobre de flores perfumadas na primavera, deleitando a visão de seu dono, e no outono o alimenta com seus frutos.

É assim que me posiciono, ofertando o fruto das minhas pesquisas de mais de 35 anos na área.

Sei que nossas faculdades não estudam a mediunidade abertamente. Sei que nossos consultórios clínicos também não. Para a Psiquiatria oficial o médium é um esquizofrênico; mas vou segredar uma coisa: conheço

- psicólogos que incorporam;
- psiquiatras que pesquisam o fenômeno;
- médicos que mantêm centros espíritas;
- professores universitários que vêem os elementais;
- pastores, padres e bispos que fazem exorcismo.

Alguns o fazem de forma muito velada, outros com mais abertura. Os C. R., virando o século e o milênio, continuam caçando os diplomas de quem se aventura em mares desconhecidos.

O mérito da pesquisa, da busca, da observação vai ficar com aqueles que estudam nos únicos lugares que restaram para tanto:

- os centros espíritas, que em sua maioria não contam com recursos didáticos, culturais e financeiros;
- algum centro de estudos e pesquisas de caráter privado;
- uma clínica pedagógica que começa timidamente a surgir no cenário.

Agora, lembre-se que Vespúcio, Colombo, Cabral e outros não temeram os mares desconhecidos e mudaram as cartas geográficas do planeta, a despeito de toda a incredulidade da época. Edson iluminou as noites do planeta; Darwin leu nos jornais que o circundavam uma charge onde aparecia uma macaca, com insinuações que ele era neto dela; Lavoisier foi ridicularizado pela comunidade científica da época por lavar as mãos antes de uma cirurgia... e por aí vai.

Grandes espíritos sempre encontram violenta oposição em mentes medíocres. Valorizá-los ou não depende de cada um.

Não me consta que Vespúcio tenha desistido de seu intento...

Conceituação de Mediunidade

A mediunidade é uma faculdade natural do ser humano, e por ser natural, apresenta-se em todas as pessoas, independentemente de credos religiosos. Aqui no Brasil está muito relacionada à doutrina do Espiritismo, porque esse é o único grupo que estuda, observa, pesquisa e pratica o fenômeno. Mas a mediunidade é uma qualidade do Ser, e não uma propriedade de qualquer seita religiosa; é uma sensibilidade curiosíssima da natureza humana. Entendo-a como um veículo que estabelece ligação, um intercâmbio entre dois mundos.

Por ela muita gente já foi desmoralizada, já ardeu na fogueira. Você, sem dúvida, conhece a história de Joana D'arc, condenada a virar churrasco, considerada bruxa pela Santa Inquisição.

A mediunidade é tida pelos preconceituosos como "coisa de gente ignorante"; outros nem pronunciam o substantivo mediunidade. Dizem assim: "Você que entende 'dessas coisas'..."

Mas o fato é que, se observarmos os registros históricos, toda a humanidade, por todas as partes do mundo, tem sido orientada por princípios originados no mundo extrafísico. As narrativas de tradições milenares de diversas culturas estão repletas de acontecimentos, revelações ou fatos relativos a mediunidade:

- Moisés recebendo as tábuas no Sinai, na Antigüidade;
- a anunciação do nascimento de Jesus a Maria, no início da Era Cristã;
- as centúrias de Nostradamus, herança da Idade Média;

Um movimento de espiritualismo independente se faz sentir atualmente entre nós, sem uma instituição, uma igreja ou um chefe; um movimento do Ser que nasce de dentro para fora, onde os ensinos que eram privilégio de uma casta, de um grupo fechado, são democratizados, e a população passa a ter acesso a conhecimentos que são verdadeiras ferramentas de trabalho interior.

Cursos, palestras, eventos, publicações, reuniões são projeção no exterior do anseio de crescimento interior. Então a velha e combatida mediunidade mantém na sua persistência uma capacidade de renovação. Até a forma de olhar para a mediunidade passa por uma renovação.

Um cientista dentro de um laboratório é um médium da Ciência. Um limpador de rua com sua vassoura é médium da higiene. O médico dentro do hospital ou do consultório é um medianeiro da saúde. O professor numa sala de aula é um médium do conhecimento. O lavrador cuidando do campo é o médium da agricultura. A fêmea é a medianeira da vida em qualquer espécie.

Os laboratórios, consultórios, hospitais, escolas, clínicas, campos, são templos onde os médiuns da inteligência divina trabalham a serviço da vida, de Deus, através da dedicação ao trabalho.

– Quem são tais médiuns?
– Você e eu.
– Eu?!

Alguns curam, outros ensinam, outros compõem versos ou músicas. Há aqueles que pintam ou escrevem, trazendo as idéias do invisível para a realização no visível, dentro ou fora do transe.

A realidade estende-se para além dos muros da nossa visão; quando eu não sei, quando eu desconheço... aquilo não existe em meu universo, não existe dentro dos meus limites. Pergunte ao índio do interior do Amazonas que nunca teve contato com a civilização se ele se comunica via Internet; é provável que ele use o telefone? O telégrafo? O tam-tam? Talvez os sinais de fumaça?

A mediunidade nos conecta a uma outra dimensão da realidade.

Minhas experiências mediúnicas tiveram início durante minha adolescência, há mais de 35 anos. Tudo chamava minha atenção: fenômenos físicos, incorporações, *poltergeister*, médiuns que em transe me diziam coisas íntimas, às quais não tinham possibilidade de acesso. Para quem havia estudado em colégio de freiras tudo era novidade, e eu segui minha curiosidade, arregacei as mangas e conheci, observando:

- centros de umbanda;
- centros de quimbanda;
- centros cardecistas;
- a Federação Espírita do Estado de São Paulo.

Até que cheguei aos Caminheiros, grupo de desenvolvimento espiritual coordenado por Zíbia M. Gasparetto. Passei de freqüentadora a colaboradora da casa... sempre de olho nos cursos, palestras, observando o que acontecia lá e nos outros grupos que eu acompanhava, simultaneamente – algumas clínicas que trabalhavam com sensitivos em sua equipe.

Tudo o que via me fascinava, era impossível abandonar a pesquisa. Cada grupo tinha uma alma, uma característica própria, um jeito particular de lidar com o fenômeno mediúnico. Uns pintavam, outros escreviam, faziam música "ao vivo", traziam um ensinamento, captavam a história de um freqüentador, produziam materializações para quem quisesse ver.

Num grupo, certa vez, houve uma aluna, já de meia-idade, que provocava o fenômeno da voz direta. Eu ia anotando, registrando tudo... até que encontrei um físico, o prof. Newton Milhomens, que me ensinou a trabalhar com uma câmara Kirlian, e eu passei a kirliangrafar (fazer fotos Kirlian) gente, bicho, vegetal, mineral... Fui fotografar, lógico, médiuns antes do transe, durante o transe e depois dele, e acompanhei um pouco do histórico desse médium para poder ter o meu próprio código de decodificação das fotos Kirlian. E como substrato dessa pesquisa, desse estudo, aprendi o quanto a personalidade pode embaçar a mediunidade.

Fui acompanhando bem de perto a trajetória do médium Luiz Antônio Gasparetto, as pinturas, as palestras, as esculturas, o aparecimento de Calunga e sua equipe, os cursos e os programas de rádio realizados em parceria (Gaspa-Calunga), uma conexão de sucesso:

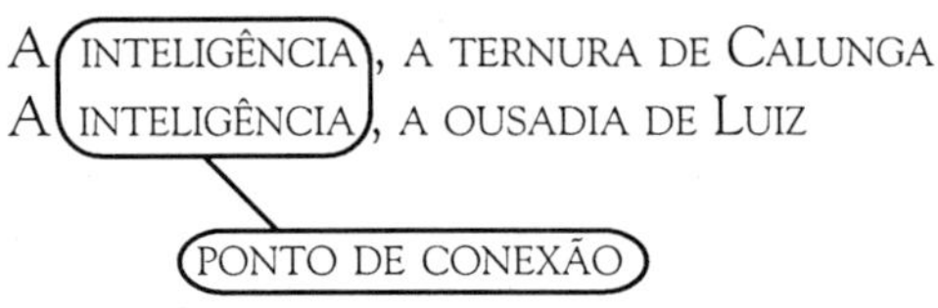

Ternura – um atributo da entidade; ousadia – um atributo do médium.

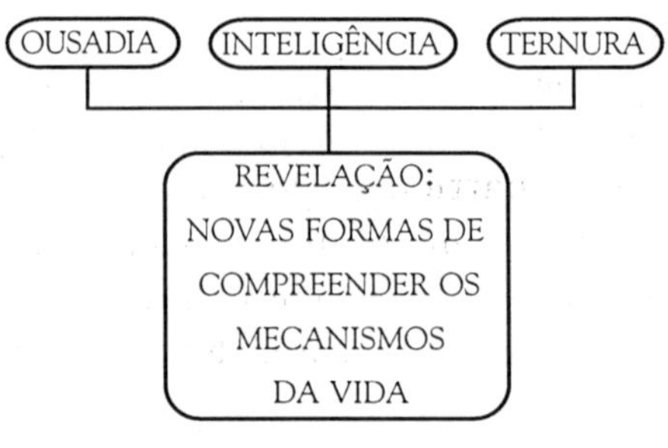

Mediunidade: conhecimento revelado.

A mediunidade integra o pacote da comunicação com outras consciências, próximas ou distantes, encarnadas ou não.

Mediunidade todos possuem, cada um em seu nível. Mediunidade é um sentido a mais, além dos cinco sentidos.

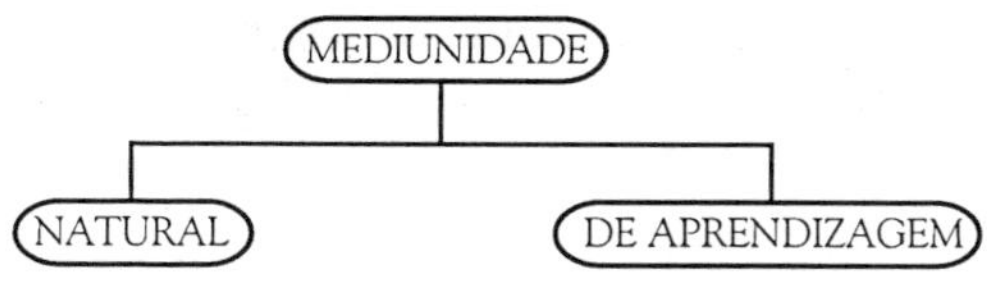

Mediunidade Natural

Mediunidade natural é aquela forma de sentir que acontece com tanta suavidade, com tanta naturalidade, que, por vezes, a pessoa nem dá fé dessa sensibilidade maior, e se aperfeiçoa naquela direção. Por exemplo:

- o músico, médium natural da música, tem uma sensibilidade maior voltada para os sons, para o ritmo, para a harmonia, e naturalmente segue a inspiração, a vocação, o rumo da música. Estuda, aperfeiçoa, dedica-se a ela, faz dela uma profissão, porque a professa, propaga, ensina e pratica. E sua sensibilidade aumenta com esse exercício;
- o professor, médium natural do conhecimento, aprende e ensina com tanta facilidade – aqueles que o fazem por vocação – que nem se dão conta do quanto crescem com isso.

O jardineiro pode aprender com as sementes, com as raízes, com as flores ou frutos, pode observá-los, pesquisá-los. Conheci um que se enternecia com a beleza da flor do ipê e me contava que não sabia trabalhar com as letras, como faziam os professores e alunos da escola onde ele professava a jardinagem. No dia de sua aula de jardinagem ele se transformava num mestre. Contava quantos anos tinha o pé de café, a história da roseira amarela...

A bailarina, através de sua dança, do palco, do aplauso, do público, vai aos poucos aumentando naturalmente sua sensibilidade.

Perceber as próprias faculdades psíquicas, educá-las, desenvolvê-las, crescer em realização interior é o que chamamos de mediunidade natural. É um fazer contato com a própria essência, que resulta numa sensibilidade mais apurada de um modo completamente natural. É como o crescimento das unhas ou do cabelo: não dói, não é espantoso, não há sofrimento ou patologias no crescer das unhas – é absolutamente natural.

O crescer da sensibilidade também pode ser um processo natural, e a mediunidade é um sentir a mais – é o sexto sentido. Faz parte do sistema de sensibilidade de cada um, que permite o intercâmbio com outras esferas da vida, sem a obrigatoriedade do transe mediúnico "oficial". Nela, a inspiração e a intuição vão se aproximando devagarinho e se instalam, passando a compor com a inteligência, a razão, o cotidiano.

Mediunidade de Aprendizagem

Ao contrário da anterior, esse tipo de mediunidade manifesta-se de modo menos tranqüilo, muitas vezes sem que haja muito tempo para a familiarização com o próprio sistema de sensibilidade, que começa a captar idéias, emoções, sensações. E, por percebê-las em si, o médium assume a paternidade delas. Então, faz-se necessário aprender a trabalhar com essas idéias, emoções ou sensações que passam a fazer parte da pessoa.

Para exemplificar, apresentarei casos verídicos, com os quais lidei, mas usarei nomes fictícios. Vejamos, para começar, o caso de Márcia.

Márcia | N | O

IDADE: 34 anos
PROFISSÃO: professora
ESCOLARIDADE: 3º grau
SITUAÇÃO: captação de sensação de mal-estar físico indefinido.

Começo sempre do concreto para o abstrato, indagando as possíveis causas físicas do mal-estar: "Está saudável fisicamente?"; "Alimentou-se como de hábito?"; "Dormiu, descansou o necessário?", etc...

Depois, sigo o rumo energético da situação: "Quando Márcia sente o mal-estar?"; "É sempre na mesma situação?"; "Em que ocasiões? Reuniões? Festas? Aglomerações? Supermercado? Metrô?"

Ou, "Quem está sempre presente?".

Vamos observar, apurar a sensibilidade, analisar cada item, alternar variáveis, observar novamente...

Eis o relato de Márcia:

"Sempre volto de metrô da escola para casa, depois de dar aula no período da manhã. Venho bem, disposta, mas noutro dia senti um mal-estar repentino, um pouco de dor no corpo, dor de cabeça, uma certa tontura... Estranhei, porque estivera bem até aquele momento. Respirei fundo e voltei minha atenção para o ambiente: o rapaz ao lado despediu-se da minha parceira de banco dizendo: 'Espero que você se recupere prontamente. Cuide-se, não deixe de ir ao médico!' Então, passou-me um pensamento de relance pela cabeça: contaminação energética. Será que isso é possível? Posso sentir um sintoma físico de outra pessoa, um desconhecido? Na ocasião pareceu-me absurdo."

Então, faço as observações iniciais: "Vamos notar se isso acontece com freqüência. Quando acontece? Em que lugar?

Quem está por perto nessas ocasiões? Quais são os sintomas captados, etc".

Quer você admita ou não, a contaminação psíquica, ou energética existe tanto quanto existe a contaminação física, emocional. Da mesma forma que um resfriado, pega em quem é pegável:

- em quem não tem defesa;
- em quem está com o sistema imunológico fragilizado;
- em quem está de porta aberta.

> – *Defesa imunológica? Contra-contaminação energética? Nunca ouvi falar disso!*
> – *Eu explico.*

Márcia faz captação de uma realidade física, de um agente físico, e observou que faz captação dos sintomas físicos de pessoas doentes, mas não de todas as pessoas doentes. Só de algumas, quando estão próximas.

Qual a aprendizagem que a situação experimentada por Márcia sugere? Por existir a possibilidade dessa questão é que falamos em mediunidade de aprendizagem, pois há algo a ser aprendido. Eu sou muito suspeita para falar em aprendizagem, porque o meu diploma mais utilizado é o de professora.

Diz Ana Lúcia:

Ana Lúcia | B | C

IDADE: 19 anos
PROFISSÃO: estudante
ESCOLARIDADE: 2º grau
SITUAÇÃO: captação de sensação de mal-estar físico mutável.

"Estou chegando aqui após vários tratamentos clínicos, remédios, porque tenho um quadro de boa saúde, mas, repentinamente, sem nenhuma razão física, tenho dor de cabeça. Vou ao médico, faço exames... tudo em ordem. Mas tenho dores. Então tomo uma medicação para elas. Passado um tempo, a dor de cabeça some e surge uma dor de estômago tão repentina quanto a anterior. Cuido de observar, pesquisar a dor de estômago. Como não encontro causa provável, fico na medicação para os sintomas. Passo uma curta temporada bem, aí surge uma dor no braço; vou cuidar. Já estou ficando intrigada, clinicamente está tudo bem com o braço, mas ele dói, formiga e... não tem nada."

Veja que este é bem semelhante ao caso anterior, porém, com um detalhe a mais. Ana Lúcia toma remédios para seus sintomas – e creio ser útil fazer um lembrete: quem os tome, que o faça sempre sob controle médico, para evitar males maiores.

Fizemos juntas as observações rotineiras e senti cheiro de mediunidade no ar: Ana Lúcia é sensível, é impressionável, tem sintomas repentinos, sem causa física, veio com uma série de exames médicos realizados, tem uma dor que anda, tem premonições...

Volto sempre a interrogação para o meu aluno, ou para o meu cliente: "O que podemos aprender a partir da situação presente?". Deixo sempre um espaço para a reflexão dele, para a exposição de suas crenças, de seus sentimentos. Só podemos avançar com o consentimento, com o acordo dele, sem o que nada há que possa ser feito.

Não tenho, como ninguém tem, poder sobre o processo, a situação, ou sobre a vida de ninguém, a menos que o aluno ou cliente me autorize a acompanhá-lo em sua jornada interior, e eu respeito sempre a posição dele. Seja em minha escola ou em minha clínica, quem dá a palavra final é sempre o meu aluno/cliente.

Ana Lúcia faz captações de uma realidade extrafísica, de um agente extrafísico. Ela observou:

• a dor acontece sem ninguém por perto (uma realidade extrafísica);
• a dor não tem causa no próprio corpo, mas incomoda;
• está tomando medicamentos para uma dor "emprestada".

– Como acontece isso? O que se pode fazer em benefício próprio?

Outras casos trazem outras situações:

• "Vejo vultos com freqüência."
• "Ouço ruídos."
• "Há ocasiões que meu corpo parece crescer."
• "Tenho freqüentemente sonhos premonitórios."
• "Vejo uma outra cena aqui."
• "Sinto odores que ninguém que está ao meu redor sente."
• "Quando entro no quarto, a impressão é de que há alguém lá. Olho e não vejo nada."
• "Às vezes estou falando e muda o tom da minha voz."
• "Quando entro no palco, sinto uma sensação que não sei explicar: parece que a realidade muda."
• "Vi, na semana passada, um amigo. Acenamos um para o outro, e ele me pediu para dar um recado ao seu filho. Quando fui levar o recado, levei um choque. Meu conhecido havia falecido uns seis meses antes."
• "Quando vou dormir, sinto-me flutuar. Parece que vôo sobre a cidade."
• "Quando me deito, sinto que alguém vem para o meu leito, aproxima-se e me toca. Eu sinto o toque, a respiração do 'alguém'."

Sempre retorno a questão ao meu aluno: "O que você pode aprender com essa situação?"; "Ela se repete como um telefone que toca esperando ser atendido?".

Fatos insistentes, repetitivos, ocorridos a nossa revelia e não raro desconfortáveis, pertencem àquilo que classificamos

Crises

Tive um professor muito sábio que nos dizia que toda crise é prenúncio de uma etapa de crescimento, é uma oportunidade de mudança, um chamado à reorganização. É a natureza avisando: é hora de transformação.

Numa crise, há uma parte de si que quer se aventurar, ir adiante, crescer, e outra que não quer, que prefere ficar estagnada. Mas lembre-se que a vida não é estagnação, é movimento. O crescimento requer, invariavelmente, a quebra de padrões existentes ou o abandono daquilo que nos é familiar. Se você permanecer sempre no mesmo cenário da colina, não conhecerá jamais os encantos das praias; quando uma criança vai para a escola diminui seu contato com a própria casa; se a semente não se rompe, não teremos a árvore.

A natureza é um movimento constante. Quando eu não sei o que fazer, paro e observo a natureza.

Distanciar-se do processo natural é arrumar confusão: a natureza ganha sempre. Ela não é propriedade sua, é você que pertence à vida.

Crise? Um convite à reorganização.

Sair do colo da mãe e andar por si mesmo custa alguns tombos e escorregões.

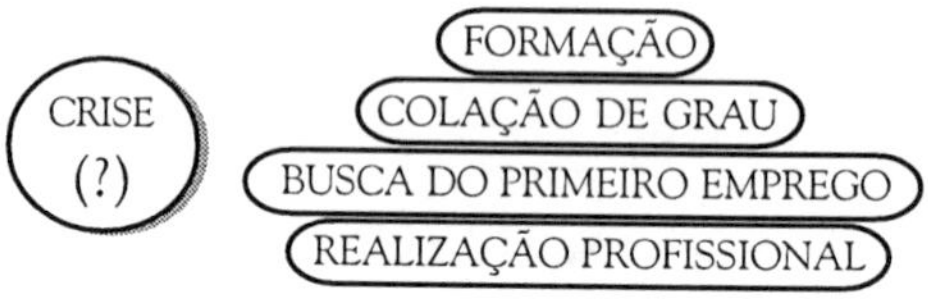

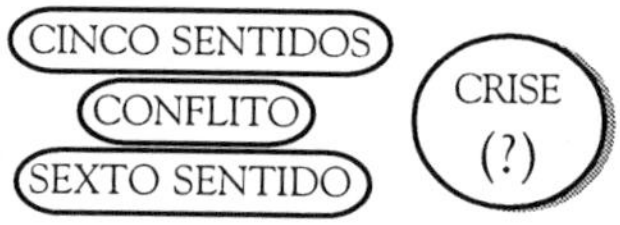

O conflito em si já é uma relação.

Pense que você tem cinco filhos (os cinco sentidos) e vai ter um sexto (o sexto sentido). Há mães que têm gestações tranqüilas, outras nem tanto. A natureza não é igual para todas.

Como é a vida com cinco atributos?

- Visão – captação de impressões luminosas.
- Audição – captação de vibrações sonoras.
- Olfato – captação de odores.
- Paladar – percepção do sabor.
- Tato – registro do toque.

Como as fases da vida física se sucedem umas às outras, o nascimento, a infância, a adolescência, a fase adulta, o aparecimento do sexto sentido também ocorre para cada um no momento que a vida julgar mais oportuno. Às vezes eu ouço: "Vim aqui porque não quero mais ter mediunidade".

Ninguém nos pergunta se queremos ou não tê-la, e eu lamento, mas não tenho poderes sobre ninguém. Mediunidade é um sentido, e não uma roupa que você tira e põe quando quer. Você aprende a compreendê-la, educa-a, mas um sentido não se pode jogar fora, é parte integrante de sua natureza.

Somos seres em constante mudança. Lembra-se como é um dia de mudança? Tiramos móveis dos lugares, encontramos objetos que já não têm mais utilidade, transportamos nossos pertences para a nova casa. Precisamos de um tempo para reorganizar tudo.

Com o surgimento do sexto sentido – a mediunidade – também ocorre a mesma coisa. Há uma modificação interna, mais um sentido se insinua. Como o acomodaremos no nosso antigo modo de perceber? Precisamos arrumar novas instalações, abrir espaços, tirar idéias do lugar, tirar teias de aranhas de algumas delas. Reorganizar, reclassificar, reformular conceitos.

Em Tempo de Mudança

Imagine que, numa família de católicos ou evangélicos praticantes, surja um filho com mediunidade. Você julga que será fácil para essa família abrir espaço para que seu filho pense diferentemente? Que será fácil mudar conceitos? Mudar padrões de crença? Pesquise junto a quem vive a situação.

Está armado o conflito. Dentro e fora da pessoa, dois exércitos guerreiam. De um lado a inércia, a preguiça, a tendência para a conservação, o anseio de segurança. De outro lado a aventura, a auto-afirmação, a tendência para o crescimento.

– Espere aí, Aparecida! Anseio, tendências para isso e aquilo, auto-afirmação... tudo isso

são observações do fluxo da vida psicológica da pessoa...

– Alcli, acho que ainda não o apresentei a nossos leitores. Alcli é a personificação dos ***alunos/clientes*** *de nossos laboratórios. Sim, você tem toda a razão. Tendências conflitantes, anseios, impulsos são temas da vida psicológica do sujeito, e é justamente na estrutura de personalidade dele que se apóia o sexto sentido. Oras! Os demais sentidos – visão, audição, etc, – não estão apoiados na personalidade da pessoa? A mediunidade também está.*

Alcli | B | C

IDADE: acima de 14 anos
PROFISSÃO: eterno estudante
SITUAÇÃO: aprendizagem constante.

Observe a pessoa em mudança interior, quando surgem novas necessidades que não se ajustam às pré-existentes. Na adolescência, no surgimento da sexualidade entra orientação inexistente, família, religião, escola, amigos, riscos de doenças, gravidez precoce, etc.

Temos aí uma porção de ingredientes. O adolescente não pode evitar passar pela fase, e o melhor é aprender a trabalhar com ela através da educação. Quando é só isso, ainda é suave. Mas acrescente-se a isso uma dose de mediunidade, numa família que desconheça o assunto. É mais comum do que você imagina.

Na idade adulta há o surgimento de novos interesses espirituais, de amadurecimento psicológico, de potencialidades latentes, de experiências e atividades éticas, de realização do EU, da Essência.

Essa é a porção do adulto, e não há meios de evitá-la. O melhor a fazer é considerá-la uma etapa do seu crescimento, do seu processo de individuação.

Precisamos entender que cada um é cada um, cada um tem um próprio caminho, suas próprias impressões digitais. Cada um possui sua receita genética única, e a descoberta mais importante do final do século e do milênio é a da INDIVIDUALIDADE.

A mediunidade não é fora disso, e cada um tem seu próprio processo, seu próprio despertar. O desenvolvimento espiritual de cada um é uma longa viagem por terras estranhas, cheia de situações inéditas.

Imagine-se desembarcando para uma vivência no Alasca. Necessário, em primeiro lugar, adaptação à temperatura, à moradia, alimentação, vestimenta, vida social, etc.

Imagine-se agora chegando a uma dimensão nova de potencial do Ser, para um despertar de atributos até então adormecidos, chegando a um sentido novo, tendo acesso a novos domínios de si mesmo. Necessário se faz, num primeiro momento, adaptação de si mesmo a esse território novo que é próprio, porém, desconhecido.

Por vezes, essa transformação vem acompanhada de desajustes emocionais, mentais, uma vez que se apóiam na personalidade da pessoa.

Personalidade é o jeitão da pessoa ser, de se expressar, de levar a vida, e está apoiada num tripé:

- físico;
- emocional;
- mental.

Portanto, um tripé educável do ser.

Você cuida do corpo, da saúde, da alimentação, cuida também das emoções, e educar é não sufocar. E não se esqueça de cuidar dos pensamentos e idéias, no famoso: "orai e vigiai".

O senhor Agendado vive feliz. É um cidadão comum, cuida de seus interesses pessoais mais imediatos, como comprar um carro, comprar um apartamento, abrir uma conta bancária.

O senhor Agendado casa-se com a senhorita Casadoira da Silva e subordina suas realizações pessoais ao cumprimento das obrigações familiares; agora é um homem maduro. Vai ao supermercado, paga suas prestações em dia, tem uma religião exterior, vai trabalhar e volta para casa todos os dias no mesmo horário, assiste TV, dorme, acorda, vai ao supermercado e cumpre sua santa agenda.

Num certo dia, o senhor Agendado é perturbado por um vírus de Urano – o vírus da renovação. Se for de forma lenta, ainda bem; mas se for de forma súbita...

O vírus uraniano pode chegar depois de uma série de desapontamentos:

- a perda de um parente;
- a perda de um emprego, um amigo;
- um abalo emocional: a honorável senhora Casadoira, sua esposa, arranjou um namorado e se bandeou.

Outras vezes o vírus ataca sem nenhuma causa aparente, a transformação tem início num sentimento de insatisfação. Parece que há alguma coisa faltando, mas o senhor Agendado não sabe explicar o que é, não é nada material. Ele não está mais realizado com aquilo que fazia anteriormente, parece que perdeu o interesse na agenda.

Ele respira num clima de vazio. Surgem novas questões diante de si, como a causa de seus sofrimentos, a causa do sofrimento alheio.

Cada um reage a seu modo. Alguns buscam adaptar-se, conversam sobre a situação com os mais íntimos, ouvem as narrativas das experiências semelhantes alheias, pensam sobre elas e sobre eles mesmos... rezam... conversam com Deus... com o anjo... procuram orientação num consultório de Psicologia, vão ao médico, fazem cursos de Metafísica.

Outros não compreendem o significado desse estado de espírito e vão aplacar suas sensações interiores, suas ansiedades, seus vazios no pacote de bombons, na geladeira, na bebida ou nas drogas.

Há também alguns que ficam assustados e chegam dizendo: "Aparecida estou com receio de ficar louco!"

Então, buscando "fincar o pé na realidade", jogam-se num volume enorme de atividades externas: trabalho, cinema, grupo de encontro, passeios, viagens. Esse fazer algo constante mantém a pessoa ocupada – o que proporciona um certo alívio – mas ainda ligada ao novo estado de espírito que fica lá no fundo, como uma semente que ensaia brotar. E quando essa semente vem à luz, o estado de inquietação brota também, a sensação de vazio interior também se insinua, vem à tona.

É um meio de caminho onde o velho não satisfaz e uma nova luz ainda não chegou.

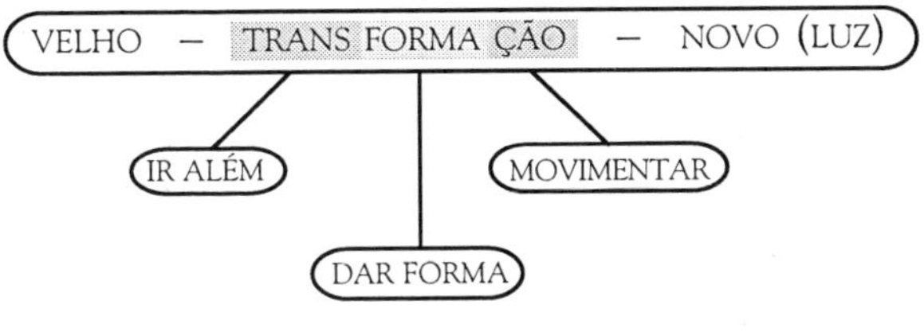

Transformação é o movimento de ir além da forma

Quem não chegou ainda ao departamento do NOVO, da LUZ, não sabe o que há lá e como acreditar naquilo que "desconhece". De novo, cada um é um caminho:

- Maria tem fé na vida.
- Meu amigo espiritual diz: tudo está no melhor que pode.
- Jair reage com desconfiança.
- Alice busca refúgio na religião oficial.
- João vai para a terapia.
- Luiza faz meditação.
- Carmem vai para o aconselhamento metafísico.

Cada um é o seu próprio caminho, cada um é sua verdade até onde pode alcançar, cada um é sua vida.

Ele foi o caminho, a verdade e a vida Dele; você é o seu caminho, a sua verdade e sua vida. Ninguém vive o caminho de ninguém, porque cada um é um.

Ninguém se alimenta com o estômago alheio, ninguém descansa com o repouso alheio. Se eu tomar água não mato sua sede; posso até indicar a fonte ou trazer um copo de água, mas tomá-la é ato seu! Voluntário!

Passo a passo, a consciência da pessoa torna-se mais sensível, vai acontecendo uma nova sensação de responsabilidade, de poder. Não raro surgem culpas, remorsos. A pessoa se julga com bastante severidade:

- "Não eduquei bem o meu filho!"
- "Onde foi que eu errei?"
- "Não fiz pelo meu pai aquilo que podia..."

Muitos chegam ao consultório deprimidos, atados pelo peso do desânimo:

- "Quero sumir."
- "Não tenho nenhum motivo para viver."

Outros chegam depois de um período de internação numa clínica, ou de doenças nervosas. São casos mais agudos.

As etapas do crescimento interior acontecem para cada pessoa de modo diverso: com situações, experiências diferenciadas; com reações individualizadas. Ninguém é igual a ninguém.

A crise de crescimento é estressante para alguns, aguda para outros, rápida ou demorada; em alguns casos também produz sintomas físicos, como:

- tensão nervosa;
- insônia;
- distúrbios glandulares, digestivos, etc.

Um Exame na Personalidade

Um exame na personalidade do cliente, o reconhecimento de sua situação (existencial), mostram a natureza da situação psicológica e/ou mediúnica.

Há situações que são, no singular, da própria pessoa. Há situações que são, no plural, processos mediúnicos, há um acoplamento áurico com alguma entidade extrafísica.

E o que dá suporte tanto à primeira quanto à segunda situação é a sua personalidade.

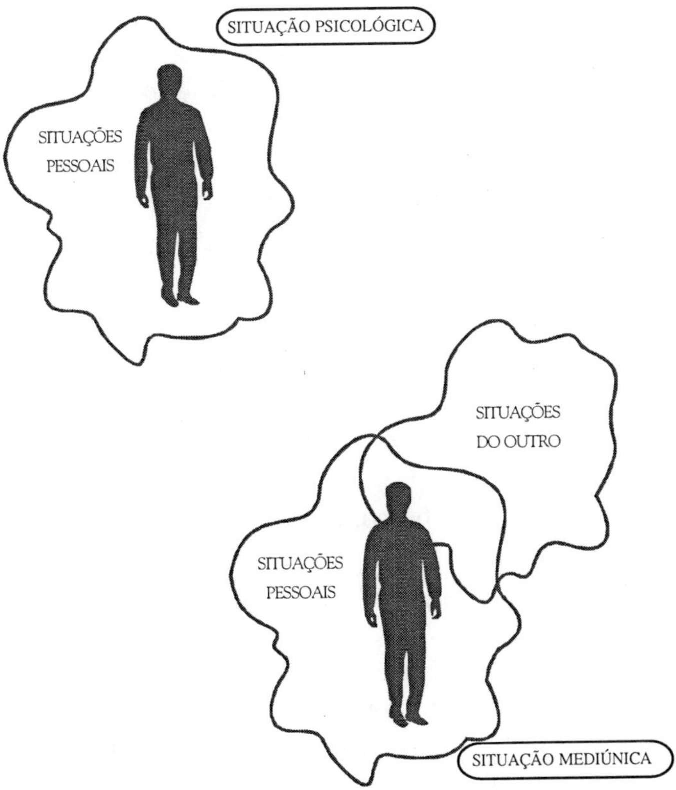

– O que é personalidade?
– Alcli, grandes estudiosos disseram que:

Personalidade é a totalidade do ser; é o conjunto dinâmico de características afetivas, volitivas, cognitivas, físicas. É a estrutura psicológica total do indivíduo, o que inclui habilidades, traços, motivos, hábitos, idéias e suas complexas configurações. Personalidade é a individualidade consciente.

– Ficou claro, Alcli?
– Mais ou menos, mas ainda não sei o que são "suas complexas configurações" ou individualidade consciente. Acho que você terá que ser mais clara.
– Personalidade é a forma de ser de cada um, é o "jeitão" com que cada pessoa leva a vida. É o conjunto dos nossos modos de agir, é aquilo que distingue uma pessoa de outra ou uma pessoa de outra coisa. Alcli, por acaso você confunde uma pessoa com outra, ou com uma coisa?
– Claro que não!
– Então você sabe intuitivamente o que é personalidade. Ficou mais claro agora?
– Ficou.
– Então, vamos adiante:

A personalidade cresce.

– Como cresce? Assim como se fosse uma árvore?
– Bravo! Você entendeu mesmo! A analogia é ótima. Ela é como uma árvore. Árvore fraca é igual a gente fraca; árvore forte é igual a gente forte.

A árvore tem partes que se unem, e todas são importantes para a vida dela:

- a raiz busca alimentos na terra (a pessoa precisa de nutrição física, mental, de sentimentos);
- a folha respira, troca com o ambiente (a pessoa também troca com o ambiente não só oxigênio e o gás carbônico, mas informações, vivências afetivas, faz comércio, cultura, interage com o outro);
- o caule cresce (a personalidade cresce também).

Esse crescimento às vezes é precedido de uma crise. É preciso que algumas folhas abram espaço para a flor vindoura. Há um perceber novo, há um sentido novo buscando espaço na minha forma de ser, há um sentido novo buscando espaço na minha personalidade.

É a minha alma buscando desabrochar, é a minha semente divina acordando no interior do vaso, é o meu ego (pequeno) fazendo os primeiros contatos com o meu EU (maior).

E quando esse processo se instala, nem sempre a pessoa tem uma personalidade bem estruturada capaz de assimilar o fluxo de luz e força que se mobiliza. Imagine essa semente em crescimento, essa alma buscando espaço na vida. Quem concede muito, pouco ou nenhum espaço é a personalidade (através do intelecto, das emoções, da imaginação), equilibrada ou não.

Bruno | C | D

Idade: 20 anos
Profissão: estudante
Escolaridade: 3º grau
Situação: declara ser Deus; declara ter a equação da formação do universo.

Bruno tem uma personalidade manipuladora, desde criança busca ter o poder sobre as situações. Seu intelecto aceita o poder como absoluto, quando declara ser Deus (no caso, uma declaração patológica de teomania), diferente da declaração de reconhecer Deus em cada um dos seres da criação, diferente da postura do: "eu sou e cada um também é", na qual cada um de nós abriga um Deus embrionário em si. Sua imaginação desvinculada da realidade caminha solta, alienada: "Tenho a equação da fórmula do universo".

Ele acredita ser a reencarnação de Einstein e Freud...

A estrutura de personalidade de Bruno não suporta o crescimento, o despertar do sexto sentido. Ao peso de um novo componente, rui.

É preciso trabalhar na base, nas raízes, desentupir os canais por onde circula a seiva, permitindo que o caule da árvore da personalidade se revigore e suporte então o peso de um novo ramo.

Em torno da idéia de poder Bruno construiu (inspirado por outras mentes também ávidas de poder sobre ele) uma série de crenças irreais, que o fizeram romper temporariamente com a realidade.

Bruno crê na manipulação das outras pessoas, atrai, por sintonia, para si, outras mentes de pessoas já desencarnadas que crêem na manipulação da mente dele. A conexão entre eles é feita através da crença, a tribo toda acredita no poder da manipulação.

Manipulação é um traço da personalidade de Bruno.

Bruno tem mediunidade, capacidade de fazer contato com outras pessoas, encarnadas ou desencarnadas, através de suas crenças, de seus sentimentos, de suas atitudes, de seu comportamento. Não há necessidade de um estado formal de transe mediúnico, dentro de um centro, rezando ou praticando rituais.

– Qual a defesa de Bruno?

– O fortalecimento de sua personalidade.

– Então Bruno estava com sua mediunidade desequilibrada?

– Não Alcli, não existe desajuste de mediunidade. O que existe é uma personalidade desajustada. Quando você tem uma manifestação mediúnica em desequilíbrio, saiba que é a personalidade que está desajustada. Cuide do ajuste da personalidade e a mediunidade se ajusta por conseqüência.

– Nunca ouvi nada sobre isso!

– Nem eu! Eu não ouvi, eu constatei em mais de 35 anos de pesquisa. Sabe o que é pesquisa, Alcli? É uma fascinante combinação de intuição, especulação, imaginação, subjetividade, esperanças e sonhos, alinhavados pelos fios do raciocínio, da observação e do cálculo.

– E o resto da história de Bruno?

Bruno chegou até nós com um diagnóstico transmitido pelos familiares – vítima de falsas crenças paranóicas. Mas esse rótulo não me ajuda a ajudá-lo, não me ajuda a compreender a causa dos seus distúrbios, a natureza deles. Vale a pena pesquisar, explorar, estudar a natureza da situação. O circuito Ego – EU

A descoberta da divindade (EU) em mim (ego) nem sempre é suave; muitas vezes pode ser desafiadora. A experiência do contato, a estreita ligação do EU espiritual com o eu pessoal traz para aqueles que têm uma sensação de grandeza interna, uma certeza de alguma forma participarem da natureza divina. A tradição cultural religiosa de todas as épocas fala sobre isso: "Vós sois deuses" é bíblico; "Tu és Aquele" é védico.

Universo – o Uno diversificado.

Há um momento na vida em que o homem se dá conta de sua relação com o todo, quer sejam considerados semelhantes (o homem foi feito à imagem e semelhança de Deus), quer sejam considerados distintos mas unidos (Eu e o Pai somos um).

E quando o homem percebe sua relação com o todo, convém deixar bem claro, tanto na teoria como na prática, as diferenças:

- eu ≠ EU em sua natureza;
- ego ≠ essência;
- personalidade ≠ centro.

O Eu, a Essência, a Fonte de Vida existe em todos, porém, confundi-la com o ego, como Bruno fez, acarreta conseqüências desastrosas, perigosas ou dolorosas.

A distinção entre uma situação e outra nos fala da saúde mental do cliente. A gravidade da situação está em atribuir ao ego as qualidades do EU. Quando a ilusão está instalada – a falsa crença de que o ego é o EU – discutir com a pessoa ou ridicularizá-la, além de gastar tempo e energia em vão, a levará a piorar, porque vai fazê-la vibrar, em campo astral, raiva e ressentimento. É preciso mostrar à pessoa uma simpatia verdadeira e procurar ajudá-la a aprender como realizar as necessárias distinções entre o que é ego e o que é EU.

Esse é apenas um caso. Em outras situações a crise pode ser ordem emocional:

Amélia | B | C

IDADE: 44 anos
PROFISSÃO: do lar
ESCOLARIDADE: 2º grau
SITUAÇÃO: brigas, gritos e choro.

Quando a pessoa é ativa e agressiva (traços da personalidade de Amélia), o despertar interior pode levá-la a desentendimentos emocionais com seu núcleo familiar e de convívio. Sendo uma mulher fisicamente forte, de bons pulmões, brigar, gritar com os filhos e o marido não é desajuste da mediunidade, do despertar interior. É uma marca de sua personalidade.

Reorganizar isso não é trabalho para o mentor, mas para ela mesma, para o terapeuta, para o conselheiro, etc.

Em outros casos, o despertar dessa sensibilidade maior é acompanhada de processos mediúnicos: as pessoas têm visões, ouvem ruídos ou vozes, pintam quadros, escrevem automaticamente.

No caso da escrita, há aqueles que aceitam a mensagem sem maiores precauções, como se houvessem sido ditadas pelo próprio criador, e passam a obedecê-la cegamente.

Portanto, é importante examinar as mensagens com bastante discriminação. Com compactos critérios, passá-las sempre pelo crivo da razão, desconfiar de tudo que contenha ordens ou exija obediência cega.

Crescimento da Personalidade

O crescimento da personalidade pode ser harmonioso, sem crise. As mães sabem que, em alguns bebês, o surgirmento do primeiro dentinho é muito suave, em outros há irritabilidade ou pequenas diarréias, e o bebê fica em desconforto.

A chegada do despertar da mediunidade é semelhante. Quando o despertar é sereno, harmonioso, a pessoa tem um sentimento de contentamento, uma iluminação na mente, uma clarificação que não ofusca, um *insight* sobre o significado da vida; sente-se mais confiante porque se sente ligado à teia da vida, ao universo, e sente que a vida é eterna e que ele próprio já está na eternidade. Descobre em si sua ligação com o Uno, descobre uma célula divina, parte atuante do cosmo, uma centelha de luz, uma porta de realização, um agente do infinito.

Sente que é uma gota, mas que não está separado do oceano.

O despertar do sexto sentido, quando acontece com suavidade, é uma luz na consciência que dissipa algumas dúvidas, que vai fortalecendo a fé na vida, que oferece solução para muitas situações problemáticas, abre uma porta para o sentir-se seguro.

> *– Sentir-se seguro em quê?*
>
> *– Na vida, em Deus, no universo, na natureza; dê o nome que você preferir!*
>
> *– Eu tenho medo de confiar assim, de peito aberto.*
>
> *– Eu também já tive esse medo, Alcli, mas o que você pode perder em acreditar no bem? Em confiar no bem? Se na desconfiança você já está?*
>
> *– Ah! Mas se eu não tenho uma coisa, e passo a querê-la, a confiar que posso consegui-la*

e mesmo assim ela não acontece... eu fico desiludido.

– Alcli, você mesmo disse que já está no não, que já não tem aquilo que deseja... Se você já está no não, porque ficaria desiludido em buscar o sim, em tentar conseguir o que quer? Mas você é um "rapaz novo", tem todo o tempo que necessita para aprender. A aprendizagem é um processo, é como um rio, é continua. Você precisa de tempo para observar, tempo para sentir, para deglutir, para assimilar o conhecimento. Mas não pense que depois que adquirir esse conhecimento estará tudo milagrosamente resolvido.

– Por quê?

– Porque não estará. Uma coisa é adquirir conhecimento, outra coisa muito diferente é praticá-lo.

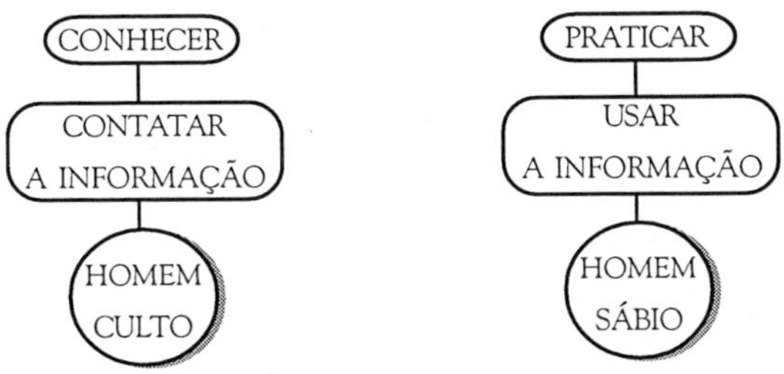

Conhece aquela historinha do rapaz que leu quatro livros sobre técnicas de natação, caiu na piscina e... morreu afogado?

Muitos alunos me dizem, com ar de mofa:

"Ah! Isso eu sei, aquilo eu já sei!"

"Sabe? Por que não usa? Só saber não basta, é preciso fazer esse saber."

Conheço médicos pneumologistas que fumam. No entanto, não desconhecem o que causam ao próprio pulmão.

A virtude não sai na ação senão através do exercício.

Quando se é professor, quando se professa o magistério – e eu professo ser professora – quando se gasta tempo refletindo sobre como as pessoas aprendem, não se pode ignorar uma lei: a lei do exercício.

Recorde-se: quando você desceu do berço já saiu andando com altivez ou precisou treinar?No primeiro dia que você foi à escola já aprendeu tudo? Na primeira lição de piano já foi executar um recital? Será que a primeira bailarina no Municipal aconteceu sem treino? Sem exercício? Sem muito exercício? Pergunte ao 1º classificado olímpico de qualquer modalidade quanto tempo ele se dedicou ao exercício. Pergunte a você quanto tempo se exercitou para ter um bom desempenho em qualquer situação.

A força física, os músculos, precisam de exercício. A virtude, força da alma, precisa de exercício também, e a prática do exercício depende da sua decisão.

A pessoa que pratica suas virtudes tem um crescimento interior mais suave, sem grandes crises.

O conhecimento tem preço. Conhecer e não usar o conhecimento implica responsabilidade, como ter um remédio ao alcance da mão e, mesmo assim, não fazer uso dele. Só saber que a água mata a sede não é o suficiente para saciá-la.

Mas o conhecimento não vem só de livros ou cursos. Quando você passa por uma experiência, aprende com ela.

> *– Alcli, quando alguém faz um comentário leviano, sem fundamento ou maldoso sobre você, o que você aprende?*
> *– Não aprendo nada, fico com raiva.*
> *– O que você pode aprender com a raiva?*

Sempre há um recado na raiva: “pode ser diferente”. A raiva é uma força que existe em nosso interior que vem à tona para que possamos modificar alguma coisa em nós próprios, mais propriamente em quem está sentindo raiva.

> *– E o que pode ser diferente em mim? Eu estava quieto, nem sabia de nada, os outros falam leviandades a meu respeito e eu fico com raiva... E você vem me falar de recado da raiva... de diferenças... Explique melhor, estou meio perdido.*

Você pode aprender:

- que leviano não é você, mas quem levanta o comentário;
- a não valorizar o comentário alheio, o que requer firmeza, e então você treina a firmeza em si;
- que você não é dono da boca de ninguém, portanto não vai conseguir controlar nenhuma fala;
- que não deve falar da vida do outro.

Sempre há um recado para procurar uma forma diferente de agir em você, pois quando você aprende alguma coisa a natureza também concede um tempo para o exercício; para que você possa adquirir habilidade no uso daquela virtude que está despontando. A aprendizagem não acontece só na escola, através das lições. Aprendizagem é coisa para qualquer hora, em qualquer situação, não se consegue conter o fluxo da aprendizagem.

Aprender está acima do seu arbítrio!

Quando buscamos aprender com cada situação, agradável ou não, vamos lapidando nossa forma de ser, nossa personalidade, e aquelas arestas mais agrestes parecem recuar para um segundo plano. Não deixam de existir por encanto, mas uma nova pessoa ou uma nova qualidade está concebida, e alimentá-la ou abortá-la é opção nossa.

– Mas se bem entendi, isso de aprender com a situação não se faz da noite para o dia.

– Claro! É preciso tempo. Mas você é eterno. Esse desenvolvimento da personalidade é uma questão de educação, de como você foi criado.

Quem foi educado com adultos corajosos tem grandes chances:

- de encarar o mundo com coragem;
- de encarar a vida com coragem;
- de encarar as transformações com coragem;
- de encarar o extrafísico com coragem.

A coragem é uma virtude e, como tal, necessita de exercício.

Não basta saber; é preciso exercitar.

Recorde-se de como você foi educado, que sinalização foi ofertada à formação da sua personalidade.

- Você viveu numa família onde se percebeu como feliz na maior parte das vezes?
- Como seu pai, sua mãe ou outros adultos com os quais você conviveu na infância encaravam o mundo? Eram medrosos, abertos, corajosos, desiludidos, animados, acreditavam em castigo, o castigavam?
- Você teve o necessário para o seu crescimento?
- Seus amigos eram bem-vindos a sua casa?
- Alguém controlava seu comportamento? Quem?
- O que acontecia quando seus pais ou um deles se irritava?
- Você acha que sua mãe estava mais para frustada ou para realizada em sua vida própria?
- Você se recorda dos temores de seu pai ou de sua mãe?

A finalidade dessas lembranças não é ficar culpando nossos pais. Eles foram o melhor que puderam ser e nós reencarnamos ao lado deles por sintonia pura, além de necessidade também; na verdade, lembramo-nos de fatos de nossa infância para que possamos observar se as crenças ou os padrões adquiridos àquela época ainda são válidos nos dias de hoje. Como aprendemos a lidar com nossos impulsos, emoções e sentimentos? Que atitudes aprendemos frente a nossos conflitos, como costumamos agir diante das situações novas?

Nossa forma de interpretar a vida, nossa personalidade, estão muito ligadas a como fomos educados, a quanto de nosso potencial deixamos vir para fora e o quanto ainda está guardado.

– Alcli, você está começando a perceber como a mediunidade e a personalidade estão ligadas?
– Ainda não vejo tão claro assim. Dê-me um exemplo.
– Muito bem, Alcli, darei.

Uma criança criada com segurança terá grandes chances de ser uma pessoa segura, que terá oportunidade de ser um médium seguro, que atrairá pessoas ou entidades da mesma faixa vibratória.

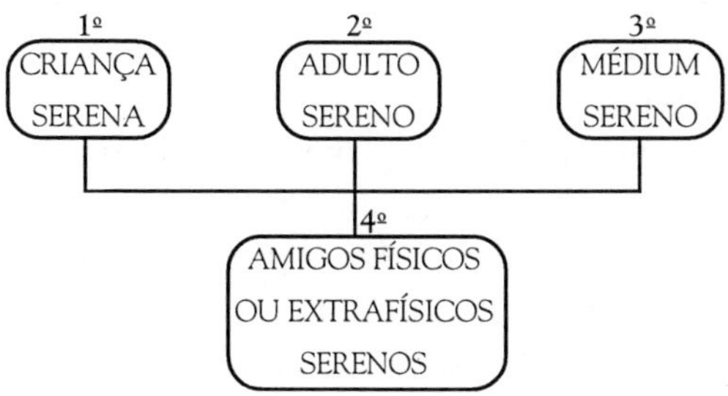

Tudo está na mesma freqüência vibratória. Uma pessoa irritadiça dará um médium irritadiço. Há um ditado popular que retrata bem isso: "Lé com lé, cré com cré..."

Uma outra versão é o: "Diga-me com quem andas e eu lhe direi quem és".

É uma questão de afinidade. Uma pessoa triste será um médium alegre? Ou a chance maior é de ser um médium triste? Conseqüentemente, fará amigos tristes ou alegres? Uma pessoa bastante comunicativa será um médium calado ou comunicativo? Fará sintonia com consciências caladas ou comunicativas?

– Ficou mais claro?
– Está ficando. Estou entendendo que um conhecimento mais completo da própria personalidade é de grande importância.
– Você é um rapaz inteligente!

A mediunidade se ajusta à personalidade de cada um em diferentes graus. Quem não conhece a si mesmo como pode lidar com o processo mediúnico?

Vamos admitir que olhar-se no espelho e se reconhecer naquela imagem não é se conhecer. Refiro-me a um inventário que vai além do físico, além da superfície, que adentra também o campo etérico, astral ou emocional e mental do homem.

Conhecer, fazer contato com nossas dimensões extrafísicas com serenidade é uma benção. A natureza traz cada situação a seu tempo e, geralmente, o despertar da espiritualidade através da Ciência ou da Arte ocorre de maneira mais suave.

Tenho um amigo que é romancista e dramaturgo, e me conta que, quando começa a escrever uma nova peça, seus personagens vão ganhando vida própria, e nem sempre ele sabe o rumo que a história tomará. Vai escrevendo, as cenas vão se desenrolando, cada personagem se apresenta... diz sua fala... surgem os cenários... Ele costuma dizer: "tudo vem a minha cabeça, eu não vou buscar nada. As idéias chegam e eu fico receptivo a elas; o enredo se apresenta, eu apenas o escrevo".

É o fenômeno da inspiração.

Meu amigo escritor não sabe o que é transe, e muito menos crê que tenha passado por um deles – diz que mediunidade é coisa de gente espírita.

Tenho um cliente que, em seus momentos de inspiração, tem vislumbres de objetos já existentes com possíveis adaptações para melhor utilização.

Reconhecido o momento da crise, compreendida sua natureza (um crescimento), o despertar de um novo sentido que se apóia em nossa estrutura de personalidade, vamos lidar com esse novo campo de aprendizagem – um processo longo e multifacetado, que inclui fases de remoção de lixo psíquico, costumes, hábitos, atitudes e padrões de pensamentos ou conceitos que não são mais úteis para nós. É hora de tirarmos as tomadas instaladas em nossa personalidade para que elas não sirvam de conexão.

– Do que você está falando? A que tomadas se refere?

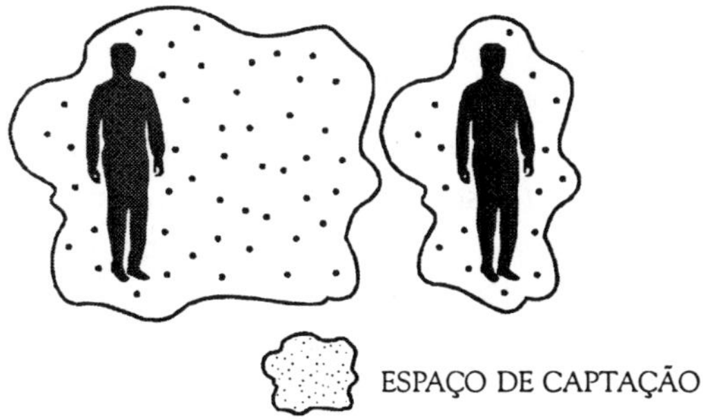

– Falo da sintonia: o médium funciona como uma antena viva que capta as energias ao seu redor.
– Capta o quê?
– Capta tudo aquilo que estiver se configurando, de forma clara ou velada, na sua personalidade.

– É mesmo?

– É!

– Isso quer dizer que, se uma pessoa tem guardadas em algum canto recôndito de si, fortes crenças na manipulação, pode atrair energias de pessoas manipuladoras?

– Isso mesmo! Ela provavelmente trará para junto de si tanto pessoas manipuladoras quanto pessoas manipuláveis, por causa de sua crença na manipulação.

– Na natureza da crença está a tomada da conexão?

– Eureka! É isso, meu jovem! Sempre, sempre na sua atitude, na sua crença é que começa a conexão.

– Se não houver a atitude, a crença, o valor de algo, não haverá conexão?

– Parabéns de novo. Se você não tiver a atitude interna plantada em você, não haverá conexão. Portanto, a grande sacada é cuidar da sua personalidade; ninguém pode atingi-lo senão através de você mesmo. Se você eliminar a única via de acesso, de sintonia, que é formada por suas características de personalidade, suas crenças, seus valores, o que está fora não terá acesso a você. Pense nas implicações disso.

– Seja mais clara.

Você passa a ser responsável direto por seus relacionamentos físicos ou extrafísicos: se você é uma pessoa que acredita que as coisas devem ser resolvidas no grito, no tapa, no tranco, o mais provável é que você venha a encontrar em sua vida muitas oportunidades de vivenciar o grito, o tapa ou o tranco.

Vejamos uma historinha:

Mariano se levanta quase sempre mal-humorado, não cumprimenta ninguém, toma café reclamando do pão, da temperatura do leite – parece o tipo que procura com que implicar, com quem discutir, e não raro troca uns sopapos quando o adversário é mais fraco. Afinal, ele é mal-humorado, mas não é burro.

Num outro dia chegou em casa bufando. Estava parado no farol esperando que a corrente de tráfego reiniciasse o fluxo quando um motorista desatento bateu na traseira de seu carro.

Mariano esconjurou. Imagine... ele estava cheio de razão, obedecendo, parado, aguardando o farol abrir e levou uma batida. Estava furioso e não percebeu por que isso acontecera justamente com ele. Passou o resto do dia furioso.

> *– Agora procure observar: qual a crença constante por trás das cortinas que rege o comportamento de Mariano?*
> *– A crença na agressividade?*
> *– Sim! E por valorizar interiormente a agressividade como forma de ação é que atrai situações agressivas para si. É o que ele valoriza. Ele vive aquilo que crê.*

A crença precede a realidade.

Da mesma forma, a pessoa que valoriza o sofrimento atrai para si situações onde possa sofrer. Veja, por exemplo, o caso de Roberta.

Roberta já terminou o terceiro casamento. No primeiro, o marido era desquitado e tinha um filho. A família dela não aprovava essa união. Roberta sofreu com o posicionamento da família, mas se casou. Depois de alguns anos ele morreu vítima de câncer. E tome sofrimento.

No segundo casamento não houve pressão da família. Depois de alguns poucos anos veio o desquite. Sofrimento novamente, porque amava o marido, por causa da separação, por causa da solidão.

Ocorreu o terceiro matrimônio, e depois de aproximadamente cinco anos, o marido faleceu, também vítima de câncer. E tome sofrimento.

Senti cheiro de masoquismo no ar: uma valorização do sofrimento.

Se você observar nossos poetas, muitos apontam dor como a rima perfeita para o amor.

Vivemos aquilo que cremos.

O "vivemos aquilo que cremos" é a extensão de uma lei natural.

> *–Sempre ouvi dizer que o homem é aquilo que pensa!*
> *– É hora de mudar, Alcli, de transformar conceitos. O homem não é o que pensa, mas o que crê. O homem ruma para aquilo que valoriza.*
> *– É, faz sentido...*

Por trás de cada crença mora um valor que lhe serve de apoio, de abrigo. Vamos analisar. Nem tudo que você pensa você valoriza, ou acredita: seu vizinho conta que está paquerando a atual deusa do cinema, seja ela quem for. Se você não valorizar a situação, passa batido: ele que namore quem quiser.

Por exemplo, grande parte da população da cidade está se preparando para a final do campeonato de futebol entre Corinthians e Palmeiras. As pessoas usam camisetas, compram bandeiras, fogos de artifício... Os ingressos já estão esgotados há três dias. Para os torcedores dos dois times, para os simpatizantes do futebol, esse acontecimento tem significado. Já para minha professora de Biologia, aquela movimentação toda não representa nada, não ocupa lugar na escala de valores dela. Ela não sabe quando é o jogo, onde, se é campeonato ou jogo amistoso. Quando indagada pelos alunos sobre pra que time torce, responde, com um sorriso, que torce pela moçada saudável que pratica qualquer esporte.

Observe: o pensamento estava no ar, a vibração dos alunos, torcedores, as apostas, risos e choros, as expectativas. Tudo isso constitui muito mais que um simples pensamento. Mas é um fato ao qual ela não dedicava a menor importância. Então, toda aquela energia futebolística no ar não encontrava o menor abrigo dentro dela, na emoção dela, no astral dela. Ela não tinha tomada em si para aquele plug esportivo.

Alterar uma crença depende de você, do seu alcance, da sua flexibilidade, e não da sua mediunidade.

A crença é livre.

Você certamente já ouviu essa informação. E já refletiu nas implicações, na dimensão, nas conseqüências disso: você é livre para crer.

A crença é magnética, quer dizer que ela atrai situações para você. A sua crença predetermina sua vida.

A crença mobiliza nossos recursos interiores rumo aos resultados.

A vida concedeu, a cada um de nós, o poder criativo (a criatividade) para que pudéssemos fazer, manifestar, materializar o que quisermos em nossas vidas, e o leme do poder criativo é a crença.

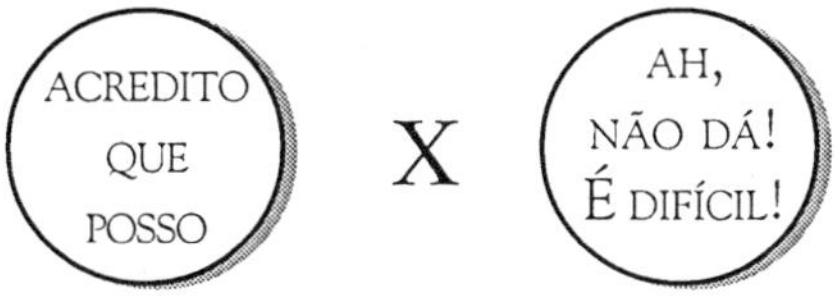

Você escolhe no que quer acreditar, é uma questão de preferência.

Alterar a crença de que o homem não é o que pensa, mas o que crê que possa ser, é opcional. Você pode crer nisso ou não. Depende só de você: do seu nível de compreensão anterior; de vivências anteriores; de observações já elaboradas; de flexibilidade.

Observe os fatos que estão ocorrendo agora em sua vida. Eles refletem suas crenças. Uma afirmação muito comum em nossa sociedade é que depois dos trinta anos é muito difícil conseguir um emprego. Muita gente crê nisso, plasma isso, vive essa realidade.

Não é isso o que eu creio, nem creio que um emprego deva ser "arranjado". Ele é conquistado por sua competência.

> *– Ah! Você não mora aqui no Brasil!*
> *– Alcli, há mais de cinqüenta anos habito essas bandas.*

Um rapaz de vinte anos, filho de uma amiga minha, estava à procura de emprego. O jovem andou o primeiro dia e voltou queixando-se de que não arrumara nada para fazer. No segundo dia o fato se repetiu, no terceiro a mesma coisa. "Não encontrei emprego!". Ele já estava reforçando a crença na dificuldade quando a sábia mãe resolveu interferir: "Meu querido, que tal você deixar de procurar um emprego e oferecer seu trabalho?". Ela estava propondo uma mudança:

- no rumo do pensamento;
- no rumo do ânimo;
- no rumo da expressão, da manifestação.

Naquele dia ele voltou para casa empregado.

Somos seres em crescimento, como lagartas que se transformam em borboletas. Cada um no seu tempo, do seu jeito, segundo aquilo que se permite, sua crença vai se ajustando a mais um sentido – o sexto –, vai trazendo-o com mais naturalidade para o cotidiano, fora do espaço religioso.

Quando caminhamos na conquista de uma dimensão nova do nosso ser, atravessamos um período cheio de acontecimentos, de mudanças, entre luzes e sombras. Nossas energias ficam tão mais voltadas para essa tarefa interior que não raro nossa capacidade de atuação no trabalho exterior pode ficar afetada, rendemos menos. É quando ouvimos: "É preciso não trazer problemas pessoais para o trabalho", é quando a pessoa é julgada pelos amigos e por familiares, muito bem intencionados em ajudar, mas pouco esclarecidos da situação; ou passa, outras vezes, a ser alvo de comentários desagradáveis sobre o processo que está atravessando. Esse tipo de atitude "bem intencionada" só faz diminuir o ânimo da nossa lagarta.

Tais situações fazem parte do cenário da transformação, são oportunidades de aprender a superar a sede de aceitação alheia, são oportunidades de desenvolvimento da independência interior, da confiança em si mesmo, oportunidade de aceitação do posicionamento do outro, sem ressentimento; e quando as aceitamos com serenidade, temos mais chances de aproveitá-las para o desenvolvimento de nossas forças interiores. Por outro lado, quando encontramos pessoas esclarecidas, elas podem nos ajudar a poupar sofrimentos.

A lagarta, no seu processo de metamorfose, conta com a proteção, o isolamento e a paz do casulo; o homem, por sua vez, não tem casulo, não pode se esconder, isolar-se, muito pelo contrário.

– Há momentos em que seria bom ser lagarta!
– Ah! Muito esperto, você!

Acontece que não somos lagartas. Então, o melhor que podemos fazer é ficar onde estamos na vida, executando, o melhor que pudermos, nossas atividades rotineiras com a família, o trabalho e os amigos. Não devemos tentar acelerar, retardar ou fugir do processo, mas apenas aprender a lidar com ele para evitar uma variedade de situações de desajuste, como:

- agitação mental;
- desespero;
- insônia;
- intranqüilidade.

A melhor solução para isso está numa integração, o mais harmônica possível, de todos os impulsos da nossa personalidade:

- impulso de presença (aceitação do que sou);
- impulso de curiosidade (busco aprender sobre mim, conhecer-me melhor;
- impulso para o social (emoção-sexo);
- impulso de agressividade ou realização (a ação de realizar).

A solução está calcada em como eu me centralizo, como eu coordeno essas forças que a natureza me deu, como eu arbitro sobre elas, e de novo isso é tarefa para a minha personalidade, e não para o mentor ou meu amigo espiritual. Para me conhecer melhor e vasculhar todos os meus departamentos interiores posso receber ajuda sim, mas a realização dessa conquista é minha.

Incidentes de Percurso

Camila, uma adolescente "made in Brasil" com "s", vai embarcar, pela primeira vez, para Arkansas (USA) – outra latitude, outra longitude, outro fuso horário, outros costumes, outra alimentação. Vai ajudar bastante se ela tiver informações sobre o clima de lá, o idioma falado, os costumes regionais, se tiver sua documentação em ordem, se tiver a moeda local. Enfim, saber tudo o que é preciso saber é uma ajuda não dispensada quando vamos para lugares desconhecidos.

Assim, quando vamos viajar para o "universo da mediunidade", uma ajuda de quem já conhece o terreno é muito bem-vinda.

A ajuda pode começar em percebermos outras dimensões do Ser.

Dimensões do Ser

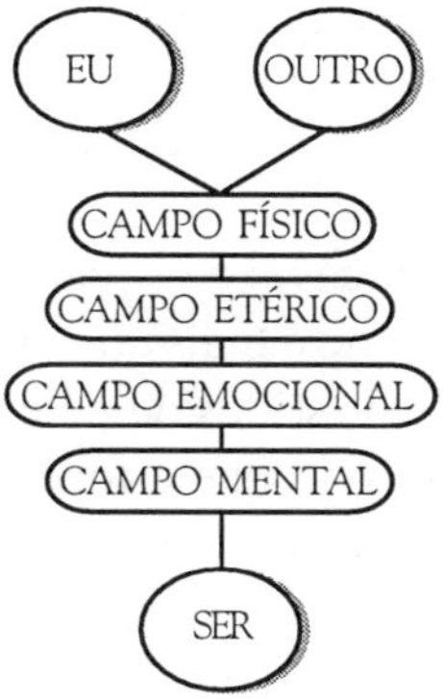

Quanto mais adentro em mim, mais me conheço, mais percebo o outro. Quando me percebo só no físico, vejo o outro só fisicamente, porque não existe no meu universo outra forma de percepção.

Quando me percebo em profundidade até a alma, sou capaz de perceber a alma do outro também. Só reconhece quem conhece. Só reconhece no outro quem conhece em si mesmo.

O Corpo

"A minha alma tem um corpo moreno, nem sempre sereno, nem sempre explosão".

Imagine que a nave-mãe fique em órbita, gravitando no espaço, e que uma parte dela – um módulo – desça em solo lunar. É fácil de imaginar.

Agora, transfira essa imaginação para o nosso nascimento. Quando você vem para a vida aqui na Terra, precisa de um corpo físico para viver essa experiência, precisa de um corpo físico para atuar aqui na condição de ser encarnado. É como o módulo que baixa em solo lunar.

A alma é a nave-mãe que permanece o tempo todo ligada ao módulo. O corpo é o endereço da alma quando encarnada, é o templo que abriga o psiquismo.

O corpo, revestido de pele clara ou escura, leve ou pesado, de estatura baixa ou gigantesca, com qualquer idade, com órgãos saudáveis ou não, com aspecto agradável ou desagradável, asseado ou sujo, é só o módulo. É apenas a parte mais densa do seu ser.

O corpo é a parte tocável e visível do Ser.

Você sabe e sente que é mais que uma somatória de sistemas, órgãos e células revestidos de pele, que é mais do que a Biologia explica, é mais do que a forma apresenta. Por mais bela, importante, sensual que seja essa forma, é apenas uma parte de nós.

O corpo é um veículo do Ser. Por trás da cortina do corpo mora você: a Essência, a Alma, a Chama, o EU, o Espírito, o Absoluto, o Ser, a Fonte de Vida. Não importa a filosofia que tenha abraçado para estudá-la.

O corpo físico é a parte visível do invisível, que é você, é um dos instrumentos do Ser. É com o corpo que você age, que expressa sua vontade; você nunca viu a vontade andando por aí; quando sente vontade de alguma coisa usa o corpo para expressá-la.

É com o corpo que você expressa e supre suas necessidades. É no corpo que você guarda os bloqueios energéticos que desenvolve. É o corpo que avisa quando você está sendo inadequado consigo mesmo, e diz isso através de uma sensação desagradável ou de uma doença. É com o corpo que você se relaciona com a vida na dimensão em que vivemos. Então o corpo não é desligado de sua essência, de sua mente, de suas emoções.

Ele é somatização, a parte mais adensada de tudo isso. Esse "tudo isso" é integrado.

Num copo de limonada um elemento interfere no outro. Conosco acontece a mesma coisa. Assim como você vê a imagem do corpo refletida no espelho, você também pode ver no corpo o reflexo do pensar e do sentir do seu dono.

Tenho um amigo espiritual que sempre diz: "corpo torto – mente torta".

Chegará o dia que leremos no corpo a história de cada um tal como lemos nas camadas da Terra sua idade, seus habitantes, suas civilizações. O médico já lê o corpo, o psicólogo também, o pessoal da fisioterapia...

O seu pensar ou o seu sentir está além da forma, embora tenha repercussões nela.

Golda, por exemplo, é uma moça que, quando está ansiosa, descontente, corre para a geladeira. Come, come... engorda, engorda... depois sente-se culpada... raivosa... desesperançada. Aí busca prazer de novo na geladeira e repete a história: come, come...

O corpo mostra esse processo, fala da necessidade de um repensar da situação. O corpo sugere uma transformação no pensar e no sentir, uma vez que essa moda de aplacar a ansiedade na geladeira está deformando o corpo de Golda.

Golda cuidou do corpo, mas não da interação.

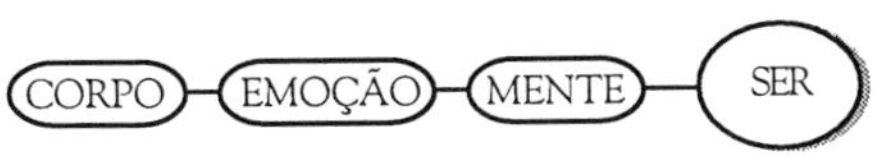

Para cuidar de tudo isso é preciso admitir que esse "tudo" não é apenas o corpo. É preciso admitir que temos mais:

- corpo etérico;
- campo astral ou emocional;
- campo mental.

Todos também são instrumentos operantes do EU.

O corpo físico é sólido, é formado de células. As células são formadas de moléculas, as moléculas são formadas de átomos em cujo interior há energia. A emanação dessa energia do corpo físico forma o que chamamos de duplo etérico.

Duplo Etérico

Cada escola de pensamento usa uma terminologia:

- Aerossoma duplo.
- Corpo etérico.
- Corpo prânico.
- Corpo vital.
- Corpo diáfano.
- Corpo energético.
- Corpo bioplasmático.
- Corpo bardo.
- Umbra.
- Veículo semifísico.

O duplo etérico é um corpo, um veículo provisório que ultrapassa o corpo físico em aproximadamente seis milímetros além da pele. O duplo é formado de matéria sutil, e por trás da matéria densa ou sutil está sempre a energia.

Considere os estados da matéria:

- sólido;
- líquido;
- gasoso;
- etérico (uma espécie de plasma).

> *– Plasma?*
> *– Lembra-se das aulas de Física? Plasma é o quarto estado da matéria – torrentes de partículas de íons. Sendo o duplo constituído do éter*

físico da Terra, desgasta-se, dissolve-se após a morte do homem.

– Para que serve o duplo etérico?

É ele que capta a energia vital, ou o fluido cósmico, ou o prana ou fluido vital. Ele distribui essa energia por todo o corpo físico, elabora o ectoplasma, serve de reservatório para essa energia.

Ele faz uma ponte entre o corpo físico e o campo das emoções, o campo astral, assim como o fio elétrico traz a energia da usina para dentro de casa.

O duplo é uma espécie de mediador plástico sujeito a algumas variações segundo as atitudes de seu dono. Nele se desenvolvem alguns núcleos por meio dos quais o homem pode tomar conhecimento do mundo e dos fenômenos etéricos: os chacras.

– Sujeito a algumas variações. Quais?

Como tudo na natureza, ele é individualizado, e cada um tem características ligadas a atitudes, emoções e pensamentos de seu dono:

- textura suave, luminosa para os suaves e luminosos;
- textura mais densa, mais pegajosa, para aqueles que são mais densos.

Pense num sábio: num Jesus, num Francisco de Assis, com um duplo luminoso.

Agora pense num "maníaco do parque", "maníaco da horta", ou num outro do mesmo quilate; o duplo é pegajoso, é opaco, sem nenhuma luminosidade.

Alguns alunos têm-me dito que nas pessoas saudáveis eles o observam mais transparente, e nas pessoas adoentadas ele é mais embaçado; parece feito de uma fumacinha azulada que ultrapassa o corpo em todas direções.

O duplo é um veículo invisível para a maioria das pessoas, contudo, as de maior capacidade de percepção do mundo etérico conseguem percebê-lo e nos relatam que ele se afasta um pouco na hora do transe.

Ainda há outras situações que alteram o funcionamento habitual do duplo:

- a anestesia;
- o perfume;
- o calor;
- o frio;
- o magnetismo;
- os sedativos;
- o narcótico;
- as drogas;
- o toque humano;
- o contato energético;
- as emoções fortes.

A anestesia, o perfume, o frio ou o calor o afastam do corpo, e o afastamento do duplo geralmente produz diminuição da vitalidade. Quem já utilizou um anestésico sabe que retorna com frio, mal-estar; um perfume muito acentuado causa desconforto, mal-estar, dor de cabeça, enjôo; frio e calor intensos, além de atingir o corpo, abalam o duplo. Ele é sutil, mas é uma emanação do corpo.

Esse afastamento ainda pode ser causado por acidente, por excitação nervosa ou estado precário de saúde. Uma agressão num deles repercute no outro, e o médium, por ser uma pessoa de sensibilidade mais aguçada, pode contaminar-se energeticamente com muita facilidade caso não tenha educação mediúnica.

Essa contaminação energética é um transe quase sempre imperceptível: Há dias em que você está bem disposto, amanheceu contente, trabalhou com entusiasmo, até o momento em surgiu uma colega sua, dona Apreensiva da Silva, que chegou e contou que teve uma noite de desconforto, que o marido chegou muito tarde, e ela ficou apreensiva porque não confia muito nele. Tinha também a chuva, e os pontos de alagamento... Ela já estava preocupada antes com a saúde da mãe e a dívida da irmã, sem contar que a faxineira não tinha vindo, etc.

Dona Apreensiva fez uma sessão "relato de desgraças", jogou o lixo acumulado em sua direção, sentiu-se mais leve e ainda disse: "Ah! Que bom conversar com você, agora me sinto mais leve".

Em bons termos técnicos, ela fez uma catarse, uma faxina interna, e foi embora aliviada.

Passado algum tempo, você começa a sentir um certo mal-estar, parece que acabou sua alegria, já não está mais tão disposto quanto antes, e até comenta consigo mesmo: "Nossa, parece que eu peguei uma uruca!"

Pegou mesmo. Isso é um transe, ou uma das modalidades dele. Você captou, ainda que sem querer, a energia do outro.

Estabeleceu-se uma ponte, um caminho energético entre vocês (essa ponte é usada pelo Reiki, pelo passe, pelo benzimento, etc).

Comece a prestar atenção nas pontes energéticas e o que transita através delas, e enquanto você não souber fazer nada melhor, procure não dar atenção demasiada às desgraças e lixos alheios. Já bastam os próprios.

O que você faz com o lixo da casa? Você guarda, cultiva ou joga fora? O que você faz com os alimentos impróprios? Guarda ou joga fora? O que você faz com sentimentos que azedam a vida?

Por mais incrível que pareça, a maioria das pessoas guarda e cultiva sentimentos que trazem dor à alma.

Campo Astral

O campo astral é o endereço de nossas experiências emocionais. Um campo é um espaço onde ocorrem determinados fenômenos. No campo astral os fenômenos são de ordem emocional. Gosto da expressão campo, mas meus alunos videntes descrevem-no como um corpo, igual ao corpo físico, até com a mesma aparência, feito com a "matéria" do mundo astral.

Ele faz a ligação entre o duplo e a mente.

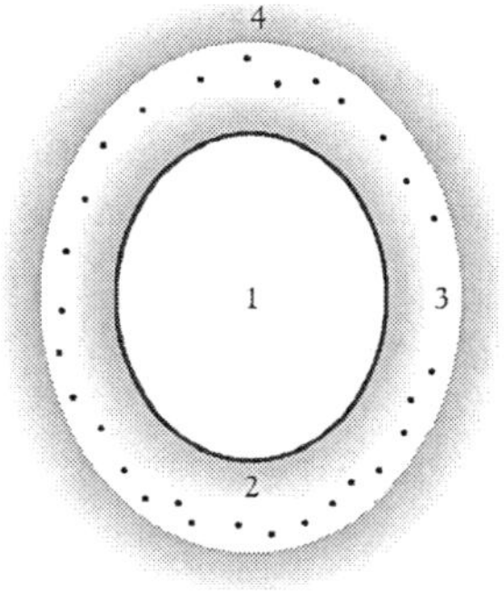

1. CORPO FÍSICO
2. DUPLO ETÉRICO
3. CAMPO ASTRAL
4. CAMPO MENTAL

É o veículo responsável pelas nossas emoções, paixões, desejos, dores, prazeres, medo, sentimentos de todo tipo: desde o amor até o ódio.

Ele é o tradutor do fora para dentro e do dentro para fora.

O corpo físico é atingido por vibrações vindas do ambiente: a luz vem do ambiente, o som vem do ambiente. A vibração atinge o corpo através da ação do duplo, mas não ocorre a sensação se o campo astral não traduzir essa vibração.

Isto é, não ocorre prazer ou dor (que são molas mestras da vida) enquanto o campo astral não é tocado.

Lembre-se que a anestesia afasta o duplo etérico, interrompendo as ligações e, conseqüentemente, as sensações.

Pense: os sentidos físicos sofrem um impacto, uma estimulação, que é transmitida para o duplo e torna-se uma sensação pela ação dos centros sensoriais do campo astral, e o impacto é finalmente percebido pela mente. Sem a atuação do campo astral não há ligação entre os estímulos físicos e a percepção desses mesmos impactos pela mente.

Isso acontece independentemente de credo religioso; é assim para protestantes, espíritas ou islamitas. O que vai fazer diferença é a formação, a educação, a forma de crer, a personalidade de cada um.

O campo astral fica, então, como uma ponte viva, que se altera:

- de nossa vida física para a vida mental;
- de nossa vida mental para a vida física.

Fica como um condutor de vibrações que amplia justamente pela constante circulação de vibrações energéticas de um lado para outro.

> – *Uma ponte viva que se altera? Explique isso!*
> – *Ora, os sentimentos não se alteram? Não se transformam, não se modificam?*
> – *Sim!*
> – *Então, a ponte se altera. Aquilo que você sentiu há vinte anos diante do campeonato escolar de vôlei é da mesma forma ainda hoje?*
> – *Não.*
> – *Então a ponte se altera.*
> – *É, parece que sim...*

Numa situação emocional, ou terapêutica, busca-se alterar essa ponte para melhor, torná-la mais ampla, mais resistente e segura, oferecendo boas condições de trânsito, com pavimentação adequada, iluminação potente para quando a noite chegar, serviço de comunicação para o usuário no caso de necessidade, faixas pintadas, sinalização, etc.

É uma ponte, um campo que se altera, da mesma forma que alteramos nossas emoções. Estamos habituados com estradas imóveis, fixas, com túneis que mantêm a mesma dimensão, mas emoção quer dizer literalmente MOVIMENTO, é aquilo que empresta colorido à vida.

Vá esticando a imaginação: uma estrada movimentada que aumenta ou diminui sua capacidade, aumentando ou diminuindo sua extensão, ampliando ou reduzindo sua largura, colocando ou retirando obstáculos, instalando ou reduzindo pedágios.

Veja-se andando no corredor da escola, num corredor que aumenta ou se reduz, que se alarga ou se estreita... Se você não conhecer a dinâmica, não tiver familiaridade com o funcionamento do corredor, fica difícil caminhar por ele. Cada um de nós possui regiões inexploradas no seu próprio interior. Um estado afetivo intenso, uma raiva que vem e depois passa, imprime uma certa freqüência no nosso campo astral. Uma satisfação que vem e vai imprime uma outra freqüência ao mesmo campo astral, e vamos oscilando a freqüência constantemente nesse campo entre o prazer e o desprazer – é a dinâmica da estrada.

Conhecer um pouco mais sobre as próprias emoções é imprescindível para quem está conquistando o sexto sentido, e isso não é patrimônio de facções religiosas. É um patrimônio do Ser.

Vamos convencionar que quando falarmos em emoção de campo astral, estaremos falando de algo que abrange todo o estado de movimentação pelo qual percebemos o valor que uma situação tem em nossa vida.

À percepção desse fluxo de energia agradável ou desagradável chamamos emoção, e a percepção para cada um é diferente, é individualizada.

As emoções são todas as afecções da alma que estejam acompanhadas pela dor ou pelo prazer.

> *– Afecções da alma?*
> *– É aquilo que afeta você, que mexe com você, que você sente. Quando vem um estímulo, um fluxo energético que chega em você, você deixa sentir...fluir, ou bloqueia o fluxo, seja por dor ou por prazer.*

Veja aqui a mobilidade da estrada. Ao bloquear (ao fechar a estrada), o campo astral não consegue processar o monte de energia que veio, e isso é traduzido para o corpo físico como mal-estar, dor, doença.

– Bloquear pela dor eu entendo. Mas bloquear pelo prazer?
– Sim, quando você não se permitir sentir prazer.

Não se deixa rir porque "fica chato". Você segura a risada no maxilar. Não se deixa livre na busca do orgasmo, porque "o que ele vai pensar se eu fizer isso?". Não se permite chorar quando está triste, para liberar a tristeza, porque acha que chorar é sinal de fraqueza. Não faz carinho no outro quando tem vontade, porque "não consegue".

Você bloqueia – não se deixa sentir prazer – depois se queixa de que passou a semana inteira com enxaqueca, ou por outro lado só consegue ser grato à pessoa que deixa fluir o prazer. Você já viu alguém agradecer coisa ruim, desagradável? Só agradecemos aquilo que é prazeroso, aquilo que sentimos que é prazeroso.

Precisamos deixar sentir.

– Alcli! O que você está sentindo agora?

A emoção ocorre no campo astral e repercute na célula física. A conexão é feita através do sistema nervoso.

Sempre que você leva um susto (emoção – campo astral) sua respiração fica alterada, sua pulsação também. Os hormônios acompanham, e até a tonalidade da pele sofre diferença. Não precisamos de grandes demonstrações. Você já viveu isso centenas de vezes e sabe o quanto essa afirmação é verdadeira.

Lembra-se da localização do sistema nervoso – o corpo todo; então, o circuito emocional afeta o corpo todo. É através da emoção, do sentimento, do campo emocional que nos aproximamos e nos expressamos. Caminhamos na direção do que é prazeroso, do que é agradável, e buscamos nos afastar do que é desprazer.

O campo astral está altamente envolvido com a criatividade e com a socialização:

- eu me aproximo de quem gosto;
- me associo com quem tenho afinidade;
- caso-me com quem amo.

Isso, uma vez que a substância que me compõe, a matéria astral, tem a propriedade de aderência (associação). Sendo matéria astral, é composta de átomos astrais que possuem alto teor vibracional, e são capazes de interpenetrar a matéria física do corpo, deixando cada átomo mergulhado num mar de matéria astral.

É como se os elétrons fossem átomos astrais.

> *– De onde vem o nome astral?*
> *– Esse nome vem como uma herança dos alquimistas medievais, estudiosos que usavam o termo astral com o significado de estelar (de estrelas), referindo-se à aparência luminosa da matéria astral.*

O pessoal da vidência relata as cores observadas no universo astral. Cada emoção vibra numa freqüência, emitindo uma luminosidade diferente, que ultrapassa e se estende ao redor do corpo físico como uma nuvem.

Tenho um amigo espiritual que muitos chamam de mentor, guardião, guia, acompanhante, etc, que me contou qual é a cor de certos sentimentos: a aura do campo astral fica:

- cinza, quando se sente medo;
- verde-lodo escuro, quando se entra num processo de vaidade, de arrogância;
- negra, quando se sente ódio;
- vermelha, quando há paixão (projeção) e raiva;

• rosa, quando há amor;
• azul, quando há dedicação.

A cor sempre acompanha o sentimento. Qual é o seu sentimento mais constante? Ele vai emprestar cor, brilho, intensidade ao seu campo astral.

O campo astral pré-existe ao nascimento e sobrevive após a morte física.

> *– Pré-existe ao nascimento?*
> *– Sim, lembra-se que é a alma que tem um corpo, que agora você está numa experiência física da alma? O homem é um ser multidimensional.*

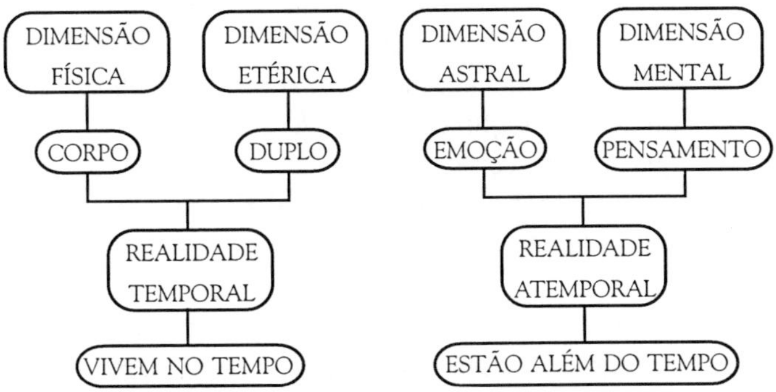

> *Quando você nasce já vem trazendo-o, e quando morre leva-o com você; suas emoções e sentimentos vão acompanhá-lo além da morte.*
> *– Ah! Não é assim: "morreu, descansou, está em paz"?*
> *– Não é o que eu noto. Quem já estava no estado de paz, permanece nele, dá continuidade, o mesmo acontecendo com quem estava em desespero. A morte não santifica ninguém, cada um segue de onde está. Mas é bom saber que as emoções, nossos instintos, nossos impulsos de*

vida são educáveis, formatáveis, reeducáveis, transformáveis.

Campo Mental

Como os demais componentes (corpo – duplo – astral), a mente também é um instrumento operante do Ser. Na formação do corpo físico pensamos nos átomos; em relação ao campo astral pensamos em átomos astrais. Você já deduziu que no campo mental vamos pensar em átomos mentais, em matéria mental.

A mente é um dínamo, um manancial vivo de energias criadoras, que permeia o campo astral e o corpo físico, sendo ele a corporificação dela...

> *– Você está querendo dizer que a mente está espalhada no corpo todo?*
> *– Sim. Costumamos localizar a mente no alto da cabeça, esquecendo que ela é permeável e que habita o corpo todo.*
> *– Como assim? Mente no corpo? Pé tem mente? Joelho tem mente?*

O corpo é a parte adensada da mente. O homem é um ser holístico, integrado, é mais que a soma dos órgãos. Não é como um bolo separado em camadas. No homem as camadas se misturam, se integram.

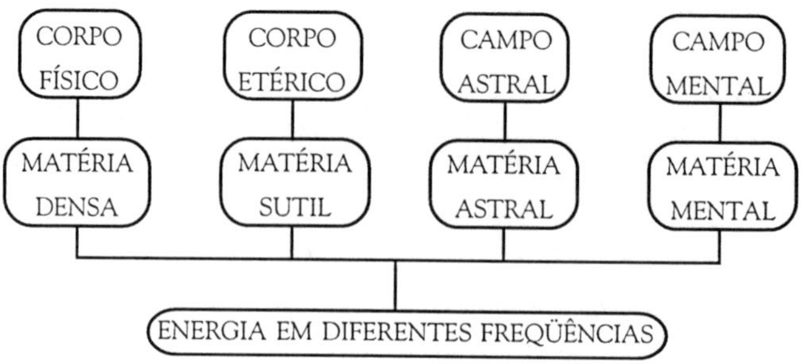

A energia é o substrato do universo, tudo é energia em diferentes freqüências:

- o corpo é energia;
- o duplo é energia;
- a emoção é energia;
- a mente é energia;
- eu sou um pacote de energia;
- o outro (encarnado ou desencarnado) é um pacote de energia.

O tato nos coloca em contato com uma energia chamada temperatura, que vamos chamar de freqüência 1. O paladar nos coloca em contato com o gosto dos alimentos (freqüência 2). O olfato nos coloca em contato com uma energia chamada cheiro (freqüência 3). A audição nos liga à energia do som (freqüência 4). A visão faz a conexão com uma energia chamada luz (freqüência 5).

O sexto sentido faz a conexão com a energia que está na freqüência etérica, astral, mental.

O sexto sentido, ou mediunidade, é o sentido que permite a conexão com a energia que vibra numa freqüência acima da luz.

- Matéria – vibrações mais lentas.
- Som – de 16 a 30 mil por segundo.
- Calor – bilhões por segundo.
- Luz – trilhões por segundo.
- Raio-X – quatrilhões por segundo.
- Raio gama – quinquilhões por segundo.
- Raio cósmico – oitilhão por segundo ou 100.000.000.000.000.000.000.000.000 por segundo.
- Etérico – desconhecido da ciência terrena (?).
- Astral – desconhecido da ciência terrena (?).
- Mental – desconhecido da ciência terrena (?).
- Espiritual – desconhecido da ciência terrena (?).

O sexto sentido não está localizado num órgão único, como a luz é percebida pelos olhos, ou o ouvido é encarregado de perceber o som. O sexto sentido é difuso, através dele captamos a vibração do ambiente físico ou extrafísico. Mas é com a mente que analisamos, classificamos, refletimos sobre o material captado.

Quanto maior a consciência da extensão da mente, melhor o uso que posso fazer da mediunidade.

- Mediunidade – ligação, é um sentido.
- Mente – compreensão, reflexão, classificação, aprendizagem.

A audição me permite ouvir um diálogo em chinês. Se eu não decodifico o chinês, se a minha mente não entende chinês...

A visão me permite enxergar na tela do computador instruções em inglês. Se não sou capaz de compreender inglês, de que me servem essas instruções?

Encontro uma nota de cem dólares, mas se não sei o que é, de nada me serve; piso num diamante bruto que até me machuca o pé, e me atenho ao machucado, mais nada; capto energias astrais (mediunidade), e daí? Faço o quê com elas?

Minha mente lê? Compreende? Classifica? Interpreta? Decodifica? Sabe atuar com essa energia?

Ter um computador e não saber usá-lo, pouco adianta. Conhecer os próprios mecanismos mentais e emocionais facilita muito a jornada no país da mediunidade. É o passaporte; entrada ilegal é sinônimo de problemas.

SENSIBILIDADE + USO DO CONHECIMENTO = SERENIDADE

Um pássaro não voa com uma asa só, por melhor que seja essa asa.

A mente é uma máquina de materialização.

Exatamente tudo que existe na matéria nasceu primeiro na mente de alguém:

A mente pensa, sonha, imagina, seleciona, reconhece, organiza, materializa, atua nos mundos:

- físico;
- etérico;
- astral.

Mental conhecido – a personalidade; desconhecido – a inconsciência.

A mente é o mundo da magia, é a semente da criação, é nossa varinha de condão. Liga-nos a tudo, interpenetra em tudo. Mente e mediunidade andam sempre de mãos dadas. A mente detém o conhecimento, a mediunidade é a via de contato.

A mente permeia o corpo, assim como o oxigênio circula pelo interior de nossas células. Fomos habituados a pensar que problemas no estômago ou no ouvido não nos dizem respeito, não temos nada com isso, como se fosse uma coisa isolada. Mas não é. Se lá dentro você valoriza a higiene, seu corpo se apresenta limpo, asseado, ele reflete o seu estado mental. O corpo físico, o corpo etérico, o campo emocional, funcionam de acordo com nosso estado mental.

> *– O que você chama de estado mental?*
> *– É um conjunto de pensamentos que eu valorizo, que eu acredito, nos quais eu tenho fé. Eles formam um estado. Quando esse estado mental se alastra pela sociedade, nós o denominamos mentalidade: na Índia, a vaca é sagrada, anda por onde quer, até pelo meio do trânsito sem ser molestada. No Brasil, comemos bife com batatas; a mentalidade do povo é diferente.*

Mentes diferentes, vidas diferentes, quer sejam de uma pessoa, de uma família, de um povo.

A mente banha tudo porque atua através da energia – e energia é substrato do universo. Recorda-se?

Nossas emoções também são provocadas pelos nossos estados mentais, pelas nossas crenças.

– Por favor, exemplifique.

Rafael e Lucas são irmãos. Rafael (18 anos) acredita que pode apropriar-se de objetos alheios (pequenos furtos, furtos maiores, furto de um carro). Lucas (18 anos) acredita no respeito à propriedade do outro.

Rafael acredita que é o máximo. Há três fins de semana que ele furta um carro diferente, vai exibir-se para sua tribo, passeia com algumas meninas e depois abandona o carro num lugar qualquer.

No último furto Rafael deu azar e foi preso.

As emoções que Rafael viveu causadas por sua forma de pensar nunca visitaram seu irmão Lucas.

Pensamentos criam sentimentos. Aprender a modificar o modo de pensar é uma matéria que faz parte do nosso currículo para uma vida mais agradável.

Minha aluna foi para o banho, esqueceu um creme qualquer e gritou para o filho adolescente (18 anos) que estava namorando na sala.

"Márcio, traga o meu creme".

Diante da namorada, Márcio gritou em resposta:

"Não! Vá buscá-lo".

Pronto! Foi o suficiente para a mãe morrer de raiva, gritar e depois queixar-se a tarde toda.

A mãe, na sua forma de pensar, escolheu acreditar que deve ser obedecida constantemente, e reage com raiva quando se vê frustrada.

Escolhemos, ainda que inconscientemente, nossa forma de pensar. Essa forma dispara... acerta as nossas emoções deseducadas, nosso vulcão interno, e aí entramos em erupção.

Mudar a forma de pensar implica em mudar também a forma de sentir.

A mudança do pensamento muda as sensações.

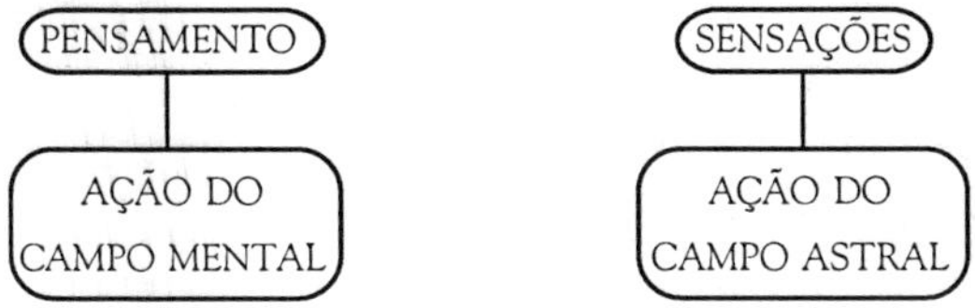

Nossas emoções, nossos impulsos funcionam de acordo com nossa vida mental, segundo nossas crenças e as crenças que abraçamos dos outros, dando-lhes nosso aval.

O impulso é uma força básica, é nosso motor de arranque. Educá-lo ou sufocá-lo foi coisa que aprendemos com nossos educadores:

- pais;
- professores;
- religião;
- clube;
- jornais.

CULTURA

Nossos educadores exerceram uma ação mental, emocional ou física sobre nós. Alterá-la ou mantê-la hoje é tarefa nossa, é tarefa da auto-aprendizagem.

Vamos aprender um pouco mais nessa etapa de nosso desenvolvimento. Aprender está acima do seu arbítrio e educar as emoções é aprendizagem. Você só sabe o que aprendeu; o que desconhece... desconhece!

Uma idéia é proposta ou um fato ocorre, cada pessoa reage segundo aquilo que aprendeu. Trabalhei muito tempo em escola de 1º grau; recreios, pátios, crianças alegres, dinâmicas, correrias e... acidentes de percurso.

Na correria, Jair, um menino de doze anos, bateu violentamente seu rosto num pilar. Dois dentes voaram e o sangue começou a jorrar de sua boca.

Os amiguinhos mais próximos gritaram, outros se assustaram, e um mais esperto foi chamar a professora, que ficou sem iniciativa. Somente lhe ocorreu chamar o professor mais próximo. Ele pegou o menino, uma toalha na tentativa de estancar o sangue, e com mais uma pessoa, rumaram para o pronto-socorro mais próximo.

Alguns minutos depois, ao inspecionar o local do acidente, o inspetor deu de cara com os dois incisivos centrais superiores do menino no chão. Pegou-os e saiu para o pronto-socorro também.

Jair foi atendido, teve os próprios dentes reimplantados, e um mês depois estava se aventurando em novas correrias no pátio escolar.

Temos o fato: o choque do aluno, a perda dos dentes. E as reações: susto, gritos, busca de socorro, socorro propriamente dito, recuperação dos dentes.

Cada um, antes de trazer a reação para fora de si, reagiu internamente segundo sua forma de encarar a vida. As crianças que se assustaram diante do choque eram aquelas que estavam na média do comportamento esperado. As que gritaram eram as que costumavam expressar suas emoções. O aluno que buscou socorro é aquele que traz em si a semente da liderança, da iniciativa. A professora era uma mulher que sempre buscava no marido a iniciativa, a solução. Como na escola o marido não estava, ela foi buscar o homem mais próximo para tomar uma iniciativa. O professor era de mais ação: socorreu.

Na nossa cultura, na minha geração educava-se a moça (professora) para ser dependente, e o rapaz (professor) para ser atuante.

Cada um demonstrou na prática:

- o comportamento (ação);
- o grau de iniciativa;
- o treinamento de vida;
- o pensamento que tem;
- a reação a esse pensamento.

Num primeiro momento, vemos o fato e a reação a ele. Numa observação mais apurada, vemos:

O FATO (EXTERNO)

- O QUE PENSO DELE (INTERNO)
- O QUE SINTO (INTERNO)
- AÇÃO OU COMPORTAMENTO (EXTERNO)

Então a reação não é ao ato em si, mas ao que penso sobre o fato. É a minha forma de pensar que dita, que normaliza, que formata a reação.

Vejamos: Lucas é um industrial abastado, pai de três filhos. Possui imóveis, carros importados, generosa conta bancária. Lucas sofre um acidente gravíssimo. Falece. A família é avisada. A reação íntima de cada um:

- Filho mais velho – assusta-se com a responsabilidade de administrar o império do pai.
- Filho intermediário – fica sem reação.
- Filha caçula – sente-se desprotegida, enquanto o marido dela pensa na herança.

Como cada um pensa de uma forma, reage diferentemente. É o pensar interferindo no sentir.

Cada pensamento é como uma pedra que cai num lago e provoca ondas. O pensamento é a pedra, as ondas são nossas reações emocionais ao pensamento e a responsabilidade sobre aquilo que pensamos, sobre nossas idéias e sobre a nutrição desse pensamento. Essa forma de pensar é de quem? É nossa!

Vamos adiante: Se o sentimento decorre da nossa maneira de pensar, e se o pensamento é de nossa responsabilidade, logo, de quem é a responsabilidade do que sentimos? Nossa de novo!

Fica entendido que o afeto, a emoção, o sentimento não existem independentemente dos nossos pensamentos.

– Ah! Mas eu sinto raiva porque sinto!
– Não é assim!

As pessoas não gostam de perceber o que os pensamentos provocam, porque então não precisam se responsabilizar por eles. Entendem que pensam qualquer coisa "aqui na cabeça", e que isso é só na cabeça, que esse pensamento não tem extensão.

> *– O que você chama extensão do pensamento?*
> *– É exatamente pelo pensamento, pela mente que você mobiliza suas forças criativas.*

Denise é uma aluna que me ligou dizendo que gosta de freqüentar uma de nossas oficinas, mas que está com dificuldades porque o marido não gosta que ela estude. Ele costuma queixar-se de que ela está sempre inventando um curso para fazer: "Não sei se ele vai deixar..."

As crenças mantidas por Denise são:

- depend da aprovação do meu marido;
- minha liberdade de conhecimento depende dele.

Os sentimentos gerados pela crença dela são:

- insegurança;
- dependência;
- insatisfação.

> *– Se o pensamento mobiliza forças criativas, o que ela está criando?*
> *– Ela está criando uma chance de se sentir tolhida, sem direito de escolha. Pode não parecer, mas é uma criação.*

Nossas crenças são como ganchos que nos mantêm plugados numa certa situação. Mudo o modo de pensar, mudo o modo de sentir. É a mecânica.

Quando criança o pai escolhia, agora o marido escolhe o que é bom para ela segundo a escala de valores dele.

Conheço Denise o suficiente para afirmar que ela aprendeu que para ser amada precisava obedecer. Esse é um pensamento que ela valoriza até hoje. Ela ainda cultiva a crença de que só será aceita se abrir mão do poder de escolha – então ela escolhe não escolher.

Essa forma de pensar deixa no ar que uma outra pessoa (pai, marido) é quem resolve o que é, ou não, aceitável para ela, sem ter nada a ver com o seu valor interno. Denise sente (campo astral) ainda hoje que só tem permissão para existir se obedecer à sinalização externa.

A crença plantada na infância é cultivada até os dias de hoje. Essa crença se reveste de grande importância, e é a crença, e não o pai ou o marido, que cria uma atmosfera mental na qual atuamos, e atrai energias em forma de experiências para nós.

Não adianta brigar com pai ou marido, ou com ninguém. Antes, lembre-se que as idéias, pensamentos e crenças são trocáveis.

Quando ela diz: "Meu marido não me deixou ir", arremessa uma "culpa" da situação a ele, o que não é a verdade última da situação.

> *– E qual é a verdade última da situação?*
> *– Ela crê no poder de decisão dele sobre ela. Que ela entregue o poder para quem melhor lhe aprouver é direito dela. Contudo, quem age assim fica empacado na condição e na frustração. Entendeu?*
> *– Entendi.*

O pensamento, as idéias, a mente são mágicos, mas ainda são instrumentos operantes do EU. Vamos entender um pouco sobre o EU– a Essência, também chamada de

- Alá
- Jeová
- Senhor
- Deus
- Alma
- Fonte da vida

- O Grande Arquiteto
- A Chama Sagrada
- Tao
- Infinito
- Brahman
- Uno
- Ser
- O Absoluto
- Divindade
- Vida
- Self
- EU SOU
- Ser Superior
- Pai

Qualquer que seja o nome, quero falar daquilo que está por trás do nome – O Inominável, o Invisível sempre presente... a Fonte da Vida.

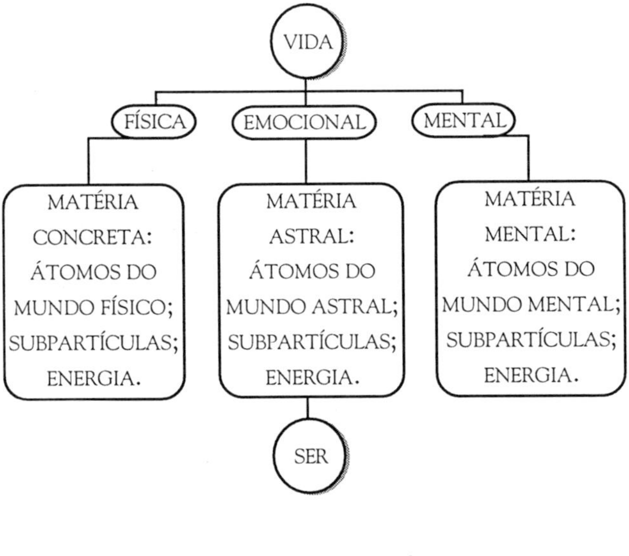

Ser. Por estar na raiz de tudo o que existe, ele sustenta a vida. O Ser é a Fonte da Vida.

Você é manifestação da vida; você é manifestação do Ser; A vida é o divino em ação.

A idéia do Ser como realidade fundamental é antiqüíssima. A vida nas suas diferentes manifestações é a diversidade do Ser.

Todas as manifestações da vida, todos os aspectos da vida têm sua base no Ser. Por trás de todos os estados da existência, desde o mais inerte até o mais dinâmico, encontramos o Ser, a vida permeando tudo, tal qual a água faz com a esponja.

Gosto de pensar que o Homem é um deus embrionário.

- Eu sou Ele;
- Tu és Ele;
- O outro é Ele;
- Nós somos Ele;
- Vós sois Ele;
- Os outros são Ele.

É uma outra versão de "Eu e o Pai somos um".

A alma é nossa ligação última com a Fonte de Vida.

Falamos de cada parte como uma coisa separada, estática, mas somos dinâmicos. Tudo é junto, conjunto, um campo atuando simultaneamente com o outro, exatamente como no corpo humano, onde todos os órgãos funcionam em conjunto para o todo.

Pense: se tudo é conjunto, Deus, a Fonte de Vida é em mim, não está fora de mim. Então posso atuar com as ferramentas que disponho: mente, emoção, energia, corpo.

Deus atua através de você, através do que você pensa, através do que você acredita, através da sua atitude. Deus não vive independentemente de você. Você não vive independentemente de Deus; não pode haver desunião. Tudo é uma coisa só.

A Fonte de Vida existe e está atuante em todos nós. É uma outra versão do "Vós sois deuses".

– Alcli, você sente Deus?
– A idéia me parece estranha.
– Aí está o pensamento atuando nos sentimentos. Se você não admite nem o pensar, como irá sentir? Pense, sinta, admita que você é Deus, que o seu pensamento é divino, não importa que idéias

você tenha tido; admita que tudo acontece dentro de uma só mente (lembra-se do inconsciente coletivo percebido por Jung?). Sua mente é a minha mente, é a mente universal. Só existe uma, não há diferença nem distância. Pense que os seus sentimentos são os meus sentimentos.

– É poético!

– Não! É uma realidade metafísica. Estamos ligados pelas energias das cadeias atômicas, ligados pelas leis universais formando um todo cheio de individualidades.

– Perdi o raciocínio.

– Encontre-o novamente! O corpo não é um todo? Um universo cheio de células? A célula é uma individualidade no corpo. Você tem a sensação (campo astral) de ser individual, mas ser individual não quer dizer ser separado. Ser individual significa ter consciência da unidade.

Eu sou Deus. Sabe, a primeira vez que me deparei com essa idéia fiquei tão admirada, deixando vazar o mesmo ar de incredulidade que Alcli expressa agora.

Sei que é preciso um tempo de maturação, para uns alguns anos, para outros algumas encarnações, mas como somos eternos, teremos todo o tempo que necessitamos. Vença seus tabus: Eu sou Deus como tudo que existe também é.

Eu sou Deus com tudo que me compõe: meus olhos, meu cabelo, meu sangue, meu sentimento, meu pensamento, a memória, o passado, o futuro.

Todo o poder emana da Fonte em mim. Tudo já é em mim, eu é que vou despertando minha consciência para esse fato.

Sistemas de Sensibilidade

No nosso organismo temos sistemas que funcionam de forma integrada. O sistema respiratório capta do ambiente externo o oxigênio que necessitamos, e esse elemento é levado a todas as células do nosso corpo através do sistema sangüíneo. O aparelho digestivo se incumbe do serviço de transformação dos alimentos para a nutrição. Os ossos sustentam tudo.

O trabalho é integrado, mas não só no aspecto físico. O sexto sentido, a mediunidade, ainda que sem um órgão específico no corpo físico, funciona com um sistema de sensibilidade integrado.

Nossa vida acontece em múltiplas dimensões ao mesmo tempo.

Sensibilidade é a capacidade de perceber, de notar, de distinguir. Sendo que a percepção acontece com o auxílio das sensações que nos relacionam com uma causa. Estou na sala e sinto (sistema de sensibilidade) que a carne queimou, por causa do odor que inunda o ambiente. Fui ler e esqueci de apagar o fogo! De novo! A percepção se deu através da sensação (cheiro).

É pela percepção que eu tomo ciência de um objeto, de suas qualidades ou relações. Quando você vai comprar um aparelho de som, você faz uma seleção e procura levar o melhor dentro dos seus padrões de percepção, o mesmo acontecendo com um sapato ou um carro. Você seleciona segundo aquilo que você percebe.

Entramos numa sala de espera e percebemos quantos estão a nossa frente, a conversa das pessoas, o som ambiente, os quadros na parede. São percepções do mundo físico.

Quantas vezes você já ouviu a frase: "Nem notei o tempo passar!"; "O tempo voa!"; "O tempo se arrasta..."; "Parece que foi ontem que ele nasceu...".

E também já percebeu uma interferência. Não estão falando de um tempo real (o de relógio). O mesmo intervalo cronológico pode ser percebido como:

- de curta duração: "nossa, parece que ele nasceu ontem, agora anda de namorada pendurada no pescoço, nem vi o tempo passar...";
- de longa duração: "parece que essa cirurgia é eterna, será que nunca mais o médico vai sair daí do centro cirúrgico? Não agüento mais".

O tempo é percebido como vagaroso ou rápido em sua passagem; isso depende de outros aspectos da situação total.

Cinco minutos na frente da arma do ladrão – o tempo é longo.

Cinco minutos de romance – o tempo é curto. Entre o primeiro e o segundo carro do Grande Prêmio Brasil de Fórmula 1 há dois segundos de distância.

A percepção depende da emoção, de experiências anteriores, do nível de desenvolvimento. A vida acontece em múltiplas dimensões, a energia, que é sua matéria-prima, se organiza em diferentes níveis ao mesmo tempo, vibrando em variadas freqüências, das mais lentas às mais rápidas, e nós captamos isso parcialmente.

Você não percebe o mundo infinitamente pequeno, o mundo visto através do microscópio, como também não percebe o infinitamente grande. Cientista nenhum nunca enxergou um átomo. Não ouvimos o som do rádio ou da TV sem um aparelho adequado.

Estamos imersos num oceano de energias, que vai além do mundo constituído de:

- tamanhos;
- formas fixas;
- texturas;
- cores;
- sons.

Quando você esbarra no universo da emoção e do sentimento, quanto tem para perceber? São energias não mensuráveis pelos sistemas de medidas convencionais, não há balança que pese o montante de vontade de cada um ou litro que faça a aferição do pensamento. Mas tudo é energia, tudo interfere, tudo age. Cada um de nós faz parte dessa dinâmica.

A percepção atua de maneira diferente em cada um. Para que a percepção aconteça eu preciso de um sistema de sensibilidade.

- Sentir – captar;
- Perceber – estabelecer diferenças.

Tanto o sentir como o perceber são estimuláveis, bloqueáveis. Sinto cheiro de rosas, de café, de gasolina.

> *– Como?*
> *– Quem mora perto do aeroporto já nem ouve mais o ruído do avião.*
> *– Acostumou?*
> *– Sim. Houve um condicionamento, um costume. Há condicionamentos que são limitantes e*

diminuem a consciência de muita coisa. Já sei, você quer um exemplo? Vamos lá.

Fabiana queixou-se outro dia em sua casa de ter visto vultos no quarto. Foi um alarido geral. Levaram-na ao médico, e lá ela repetiu a mesma história no consultório: "Vi vultos no quarto".

O médico encaminhou-a ao psiquiatra. No consultório do psiquiatra a menina relatou sua visão, e o resultado foi uma boa receita de medicamentos de tarja negra.

Fabiana deu início ao tratamento convencional, e logo nos primeiros dias, a professora chamou sua mãe e perguntou-lhe se algo estava acontecendo, pois a aluna mostrava-se muito sonolenta, chegava, inclusive, a adormecer debruçada na carteira.

Depois de ouvir a história, a professora sugeriu à mãe que procurasse um centro espírita para ter um outro tipo de tratamento e de informações, ao que a mãe respondeu: "Deus me livre! Nunca fui num lugar desses".

Havia na mãe de Fabiana um preconceito bem visível, na expressão facial, no tom de voz, nas palavras usadas "nunca fui a um lugar desses".

Oras, quem nunca foi, como sabe se é um lugar desses ou daqueles? Simplesmente não sabe. Mas está cheia de pré-julgamentos, mesmo sem contato.

Será difícil perceber algo sob a armadura do preconceito. A percepção fica bloqueada. Se ela não abrigasse essa atitude em si, no seu jeito de ser (sua personalidade), poderia adquirir novos conhecimentos, ver a situação de outros ângulos. É por isso que a percepção é bloqueável; a pessoa não se deixa nem observar.

Uma outra situação muito comum no consultório é aquela na qual Dona Senhora Casada queixa-se que não sabe o que está acontecendo. Casou-se muito apaixonada pelo marido e agora, ao vê-lo, parece estar vendo um estranho.

Ocorre que, quando se casou, estava apaixonada...

Vejamos como é "estar apaixonada".

Quando você gosta, ama, é uma situação de encontro, de afinidades, troca, serenidade, aceitação. Na paixão a situação é outra. Não há serenidade, há uma vontade incontida da presença do outro. Se ele chega, a perna amolece, o coração se agita, a respiração perde o ritmo. Observe, o corpo está mostrando que você está desarmônico.

Na paixão há uma projeção no outro de qualidades que eu não reconheço em mim.

> *– Como assim? Qualidades que eu não conheço em mim?*

Imagine: você é uma pessoa inteligente, mas aprendeu que não pode reconhecer valores em si próprio, porque só os vaidosos agem assim. Não que isso seja verdade, mas você aprendeu. Então você não se reconhece como uma pessoa inteligente, e passa a projetar essa sua qualidade em outra pessoa. Passa uma pessoa inteligente ao seu redor e você faz uma projeção da sua inteligência nela. Você passa a admirar-se no outro.

É mais ou menos assim que nos apaixonamos pelo professor de Filosofia.

Muitas vezes você se apaixona (se projeta) na liberdade do outro, na força do outro, na mobilidade do outro, que você tem e não reconhece em si. E aí diz: "estou apaixonada". Lá um dia você descobre que tem em si aquelas qualidades projetadas no outro – e aí termina a paixão.

Toda paixão está fadada a um término; o amor não. Quando acaba a paixão, que é uma projeção nossa no outro, se houver amor tudo se ajusta, porque o amor positiva a situação. Se havia só paixão e a paixão acabou, acabou mesmo!

A paixão é uma experiência afetiva forte e incontrolável. Oras, tudo que é incontrolável me controla. Uma emoção sobre a qual eu não tenha controle torna-se patológica:

- raiva demente;
- depressão paralisante;

- ansiedade esmagadora;
- paixão incontrolável.

O término da paixão que a Senhora Casada percebe como ruim, como um motivo de queixa, eu percebo como volta à sanidade.

> *– É?*
> *– É! E anote mais: a percepção é diferente para cada um. Sendo a forma de perceber diferente para cada um, e o sexto sentido uma forma de perceber o mundo energético, você conclui o quê, Alcli?*
> *– Que cada um tem uma forma de perceber o mundo astral.*
> *– É isso mesmo. Você pode captá-lo ou desligá-lo por medo, pela cultura, por condicionamento. E aos poucos vai ficando mais clara a idéia de que o sentir e o perceber são estimuláveis ou bloqueáveis, que depende da desenvoltura, da educação, da formação, dos condicionamentos de cada um.*

Podemos captar a energia de outra dimensão porque vivemos num universo multidimensional e porque somos também multidimensionais.

Captação de Vibrações Cinestésicas

> *– Vamos devagar, que eu estou confuso. O que é vibração?*
> *– Vibração é balanço, é oscilação, movimento. Por exemplo, quando você toca violão, a corda vibra, produz um movimento, produz um som. E o som é a sensação que o nervo auditivo percebe quando é impressionado pelas vi-*

brações do meio físico (ou extrafísico), ou seja, é o que ouvimos.
– Então, vibração é igual a movimento, estímulo, é cinestésica?

Algo que vibra está em movimento num certo ritmo, numa certa freqüência. Observe:

- a matéria está numa freqüência mais baixa;
- o som está numa freqüência mais alta que a matéria;
- a luz está numa freqüência mais alta que o som;
- os raios-X estão numa freqüência mais alta que a luz;
- o raio gama está numa freqüência mais alta que os raios-X;
- o etérico tem sua freqüência;
- o astral a sua;
- o mental a sua;
- o espiritual a sua.

Captar vibrações cinestésicas é sentir as ondas vibratórias geradas por estímulos externos de pressão, volume temperatura, textura ou peso.

– Os sentidos físicos têm um rabinho no astral?
– Não diga rabinho, Alcli, não é erudito. Diga: os sentidos físicos têm uma conexão com o campo astral.
– E o que é erudito?
– Bem, é melhor recorrer ao dicionário.
– Uma pressão física é quando ponho um sapato apertado?
– Ou quando você se comprime de algum modo. Lembre-se da pressão da atmosfera sobre nós. Mas é comum alguns alunos chegarem à clínica queixando-se de uma pressão no peito. Não havendo patologia física, vamos para o campo astral, depois para o mental. Tadeu chegou assim.

– E havendo patologia física?

– Quando o corpo já está comprometido, você tem absoluta necessidade do atendimento médico, como uma ajuda para a dimensão corpórea. Mas Tadeu chegou à clínica queixando-se da pressão no peito, e não apresentava nada fisicamente. Fomos investigar o astral, o campo dos sentimentos para observar como está a energia dos sentimentos. Livre ou represada? E quem represa as energias astrais?

– A própria pessoa através das suas próprias idéias, ou por ter abraçado idéias alheias.

Quando observamos o campo astral do aluno, já mergulhamos no mundo hiperfísico, no mundo da energia, o mundo astral. Um desequilíbrio no campo emocional ocasiona uma repercussão no corpo físico. Se o corpo físico está em bom estado de saúde não há maiores problemas, mas se já vem fragilizado, fica brava a situação.

Uma doença é tão holística quanto o ser. Em casos mediúnicos, o aluno não tem nada em desequilíbrio no corpo. Não tem nada em descompasso afetivo, sua vida está correndo normalmente, mas ele importa uma emoção que não lhe pertence.

– Como?

– Ele se deixa impressionar pela emoção que o amigo vem espalhando. O amigo está cansado

no corpo e na alma, triste, desanimado. Soube que está doente... Lembre-se que cada pensamento é como uma pedra que cai no lago e cria ondas. Tais ondas são nossas reações afetivas a esse pensamento. O amigo está acalentando pensamentos depressivos, de baixo teor vibratório.

Quando acalentamos pensamentos depressivos utilizamos nossos "átomos mentais" para provocar uma imagem da mesma natureza, que vai ativar nosso campo emocional com sentimentos da mesma natureza.

Um hábito de pensar triste provoca um sentir triste. Antes do pensamento agir sobre o mundo lá fora, age sobre nosso próprio corpo. A conexão pensamento-sentimento-realidade se faz presente primeiro em nós, depois se propaga pelo ambiente.

Propagada a onda pelo ambiente, o médium pode captá-la, acolhê-la em seu próprio campo de forma consciente, clara ou de modo inconsciente. Um dos motivos é que seu campo receptivo é bastante amplo, e além disso, conta muito a sua atitude interior.

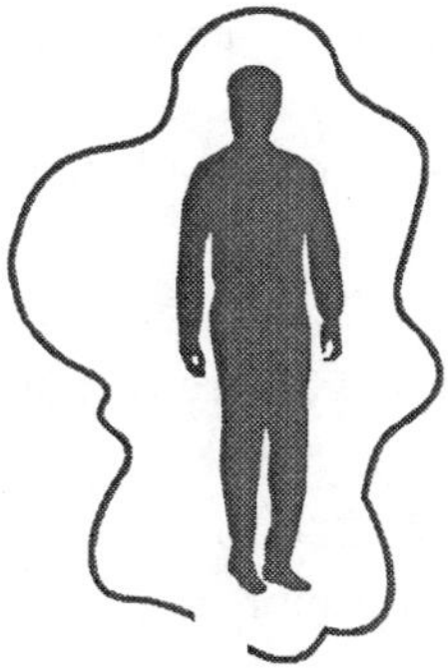

CAMPO RECEPTIVO DE TADEU EM SITUAÇÃO ROTINEIRA

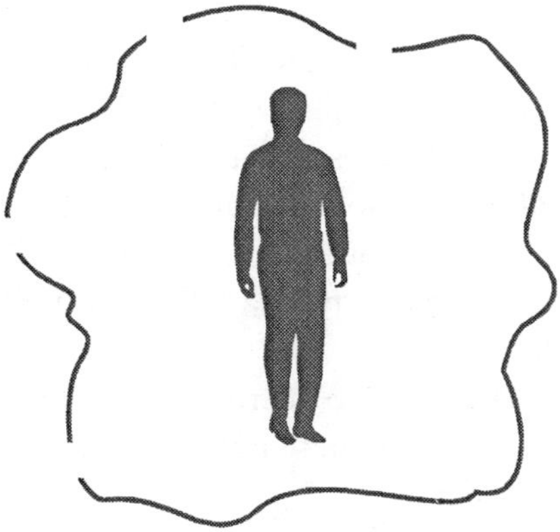

CAMPO RECEPTIVO DE TADEU EM SITUAÇÃO DE TRANSE – MAIS AMPLO

– Por que a representação em linha interrompida?
– Porque esse é um campo poroso. Ele respira a energia do ambiente na freqüência em que está. Quem está ligado na estação do contentamento recebe as ondas dessa estação; quem está ligado na estação da preocupação recebe as ondas da preocupação. Quando o amigo se aproximou, inconscientemente Tadeu abriu as portas da recepção, como uma recepcionista. O que faz uma recepcionista?
– Recebe, ouve, explica, informa, dá atenção.
– Foi justamente o que Tadeu fez, ficou receptivo: recebeu, ouviu, deu atenção, envolveu-se afetivamente, acalentou um sentimento de pena.

Estabeleceu-se um *rapport*, uma ponte entre eles. E por essa ponte o doente deixou escoar parte daquilo que abrigava em si: amargura, na direção de Tadeu, que se envolveu com a situação, ainda que não soubesse do processo energético.

O amigo foi embora deixando parte de sua bagagem com Tadeu, e como nosso aluno é portador de uma sensibilidade maior, começou a sentir uma pressão no peito, um mal-estar sem causa física. Foi quando nos encontramos.

Tomando conhecimento do seu processo energético, Tadeu resolveu rápido: "Não quero mais ter essa mediunidade. Como vamos acabar com isso?"

"Não vamos acabar com nada, porque uma faculdade natural do ser não é descartável."

"Vou ter que conviver com isso?"

"Pode aprender a conviver melhor, se você se dispuser a tanto."

"Mas eu não quero! Não pedi isso. Não aceito."

"Tadeu, nem sempre a vida nos consulta sobre aquilo que ela deve fazer."

"E o livre arbítrio?"

"Arbítrio sim, livre não sei. Tadeu, passe da terra da arrogância para a terra da lucidez. Uma criança, quando começa a andar, não tem licença, passaporte ou condições de uma viagem internacional. Ela pode andar, se quiser, dentro da casa, e mesmo assim onde não haja escadas, porque é isso que a mãe permite. A criança pode escolher andar ou não andar, sentar ou engatinhar dentro da sala. Nisso consiste o arbítrio dela. Com você, comigo, não é diferente. A mãe vida nos concede arbítrio dentro de certos limites, como a mãe concedeu ao filho."

"E qual é o meu arbítrio?"

"Você é livre para dizer que aceita."

"Mas isso é um absurdo! Não há liberdade de escolha nenhuma!"

"Você pode escolher entre aprender, conhecer e relacionar-se de forma mais amena com o fenômeno. Ou não aprender, não conhecer e relacionar-se de modo mais atribulado com o fenômeno. É opcional."

"Bela opção!"

"Deixe a idéia amadurecer, e se você se decidir por aprender a trabalhar com a mediunidade, volte. Vamos trabalhar. Se você decidir por não aprender, vou respeitar. Quem dá a palavra final aqui é sempre você, pois a cada uma das suas decisões quem paga o preço é você. Vá descansar. Depois me telefone."

Resultado: Tadeu voltou.

Mas muitos não voltam.

Tadeu | U | V

Idade: 36 anos
Profissão: artesão
Escolaridade: 2º grau
Situação: queixa de pressão no peito sem causa física comprovada.

Nos encontros que se seguiram fomos descortinando o mundo mediúnico:

- energias;
- campos;
- envolvimentos;
- transe, etc.

É preciso lembrar sempre que essa dimensão não é solta dentro do ser, que é parte integrante. Por isso não podia ser descartada. Também é preciso lembrar que o processo mediúnico está apoiado na personalidade de cada um. E com Tadeu não seria diferente.

Tadeu deixou de sentir a pressão no peito quando deixou de importar a energia depressiva do amigo. Não deixou de gostar do amigo, nem de tentar ajudá-lo, mas ajudar não quer dizer sofrer junto, muito pelo contrário. É tentar reverter a situação causadora do sofrimento.

Um cirurgião, se quiser prestar alguma ajuda ao acidentado, não vai acidentar-se também, muito pelo contrário. É básico que esteja bem, com raciocínio atento, emoções sob controle, para que suas mãos estejam firmes.

> *– Mas não era bom para o amigo de Tadeu dividir a "carga"?*
> *– Era muito bom pra ele, mas não é porque você joga seu lixo fora que eu devo pegá-lo e levá-lo para dentro da minha casa. E melhor ainda será para o próprio amigo que ele deixe de produzir lixo psíquico. Ele joga, mas continua produzindo outro tanto... haja depósito para o lixo psíquico!*
> *– Lixo psíquico? Você me surpreende.*
> *– Então vamos na surpresa: faça a reciclagem do lixo psíquico.*
> *– Lixo psíquico reciclável?*
> *– Alclinho!*

Quando o amigo chegou perto de Tadeu e abriu o pote de desgraças, ele já vinha da construção de um pensamento

depressivo: Sou um doente: ninguém me ama. Estou muiitttto tristtte!

A maneira como vemos uma situação afeta aquilo que vemos por vias muito sutis. O amigo Pote de Desgraças já se via muito triste. Ele manda essa energia para Tadeu, que se compadece (que importa parte dessa energia) e passa a vê-lo assim também, como um amontoado de desgraças.

Por vias muitos sutis, a maneira como prestamos atenção em nós mesmos e nos outros transforma-nos continuamente em algo novo.

Aquilo que pensamos de nós mesmos e de cada uma das outras pessoas determina o modo como aparecemos a ela e a nós mesmos.

O POTE SE VÊ COMO UM INFELIZ — TADEU O VÊ COMO UM INFELIZ = INFELICIDADE^2

A maneira como nos vemos é auto-imagem, e aqui mora a 1ª conexão: mediunidade e personalidade.

É aqui que mora a "reforma íntima" apregoada pelos centros espíritas. Essa reforma não é instantânea, exige tempo.

A maneira como você se vê, como foi educado, como acredita na vida, como valoriza as situações que enfrenta, foi construída através de longo período. Para alterar isso também leva um tempo, dependendo do nível de flexibilidade de cada um.

Se eu mudar meus pensamentos acerca de mim mesmo e de você, mudarei a mim, mudarei a visão que tenho de você, estarei colaborando para sua mudança também.

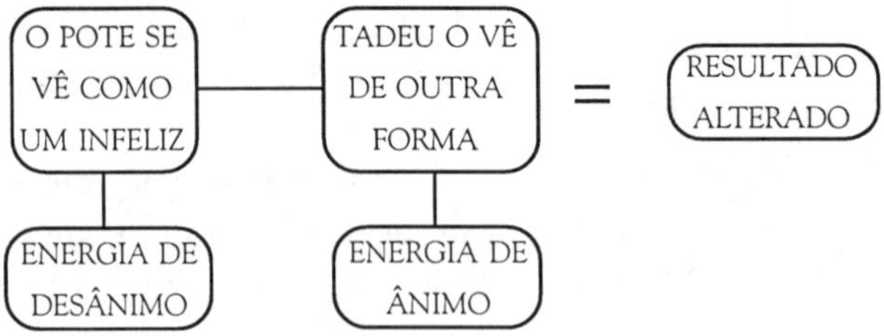

O resultado fica alterado porque um dos fatores se alterou.

Eu não pude, ninguém pode modificar a mediunidade de Tadeu, mas ele pode mudar suas próprias crenças sobre seu modo de lidar com a própria sensibilidade, sobre o processo do amigo.

Tadeu aprendeu a ouvir o Pote, a compreendê-lo, até a auxiliá-lo, sem importar o lixo psíquico para dentro de si mesmo. Resultado: acabou a pressão no peito.

CAMPANHA DE VACINAÇÃO: HOJE, A QUALQUER HORA, VACINE-SE CONTRA O POTE

Tadeu não atirou a mediunidade pela janela. A faculdade permanece nele, apenas aprendeu a lidar com a captação de energia do Pote.

Somos médiuns uns dos outros, compramos muitas vezes o mau humor do pai, o vitimismo da mãe, o desânimo do marido.

Nem todos os meus alunos/clientes queixam-se de pressão no peito.

Nair veio contando que tinha um peso enorme, um ardor, quase uma dor nas costas que a incomodava sobremaneira.

Nair | O | P

IDADE: 40 anos
PROFISSÃO: recepcionista telefônica
ESCOLARIDADE: 2º grau
SITUAÇÃO: cinestesia (peso nas costas).

Na primeira parte da entrevista preciso me certificar de que a parte física tem os cuidados necessários. Quando não os tem, o primeiro socorro é acudir o físico, e isso é função médica. Se nada foi encontrado pelo médico, ou se foi encontrado e está sendo cuidado, prosseguimos.

O peso nas costas, caso você não esteja carregando um saco de cimento, é um pisca-alerta: há pesos extrafísicos. Há sacos de "cimento etérico" que estão sendo carregados indevidamente, pois quando tudo está harmônico a pessoa não tem sensações desagradáveis.

Uma rápida investigação pela forma de viver, pelas crenças, pela personalidade de Nair deixou claro que ela carregava a família nas costas (passeie pela mitologia grega e encontre Atlas).

Nair tem cinco filhos em idade escolar, tem um emprego de meio período, dois cães de grande porte, uma mãe constantemente doente que consome boa parte de seu tempo, um marido, e ainda encontra tempo para preocupar-se com um irmão que está passando por dificuldades financeiras.

É um volume tão intenso de preocupações com o fazer tudo, com o fazer tudo de forma irrepreensível! Resultado: o corpo passa a somatizar, a reclamar, a sinalizar que algo não vai bem.

> *– Ah! Mas muita gente faz isso e não tem dor nas costas.*
> *– Primeiro que não é tanta gente assim que tem cinco filhos, que trabalha fora, que cuida*

da casa, que... Depois, é preciso sempre lembrar que cada caso é um caso, único; o limite de cada um é de cada um, e ela estava ultrapassando os próprios limites: a somatização sinaliza isso. Sem contar o seu alto nível de preocupação.

A preocupação queima nosso combustível interno, consome nossa energia. Você já viu alguém preocupado por estar bem, por estar seguro? Confiante? Não! A preocupação surge exatamente porque por trás há um medo de que as coisas não aconteçam a contento: como se imagina que devam acontecer no futuro.

Quando eu crio uma fantasia (campo mental), quero (vontade) que ela se realize (controle) no futuro (campo astral – ansiedade).

Quero controlar o futuro, mas lá no fundo fico nutrindo um medo da não-realização. É um cabo de guerra.

(MEDO) X (REALIZAÇÃO)

Vamos rever o esquema de Nair:

Nair vibra na sintonia da fantasia, do medo, do controle, da preocupação. Esse processo é dela, pessoal. Ela não importou de ninguém, por enquanto.

Agora veja quando ela soma as preocupações da mãe:

Tenho um amigo espiritual que me alertou que preocupação é fé no ruim.

Olhe que na mala de preocupação maternas há um apêndice de preocupação com o irmão.

Nair compra tudo e mais um pouco: ela tem mediunidade acentuada.

A conselho de uma amiga, foi num centro tomar uns passes. Quando tomava os passes sentia-se melhor, mas terminado o passe sentia-se até piorar. Resolveu que não iria mais ao centro. "Acho que o centro não é bom! Vou lá, melhoro um pouco, depois volta tudo."

Vamos observar outra face do dado. Nair vibra em que sintonia? Fantasia, preocupação, medo...

Isso quer dizer que ela "atrai" para si mesma os medos e as preocupações do ambiente, além das suas próprias. Daí queixar-se que depois do passe voltava a sentir as mesmas preocupações. É que ela fazia sintonia com a preocupação dos demais presentes.

Ninguém estava jogando preocupação em cima de ninguém, ela é que estava em sintonia com as preocupações dos outros: porque cultivava um estado de preocupação constante. Cultivar as preocupações é uma característica da personalidade, e não da mediunidade.

Fazendo essa observação fica mais fácil perceber por que, durante a aplicação de passes, Nair se sentia melhor. Ela voltava sua atenção para si, para uma prece, ou para a música suave do ambiente, o que lhe permitia desligar-se das preocupações rotineiras. Desligava-se do peso delas naquele momento, mas em seguida ligava-se novamente às preocupações, e o "peso" voltava mais uma vez.

O passe é uma ajuda externa, e a cura é um processo que parte de dentro para fora. Faça uma experiência: no dia em que se sentir pesado por ter abraçado a "inhaca", energia densa do outro, você estará mais pesado fisicamente.

Os acontecimentos do nosso mundo astral afetam o nosso corpo físico.

Numa tarde, durante um laboratório de mediunidade, aconteceu de trabalharmos com um grupo "pesado", um grupo de energias muito densas:

- muitas queixas;
- muitas amarguras;
- muita irritabilidade;
- muito fel;
- muito ódio.

Parece que todos iam para dentro de si e traziam para fora as múltiplas facetas do ódio. Depois de concluído o trabalho com o grupo, abri mais as janelas para arejar o ambiente, fui tomar um cafezinho e voltei para um aconselhamento metafísico de caráter individual.

Meu cliente do aconselhamento entrou na sala e "farejou" o ar, como se estivesse sentindo algum cheiro, e disse:

"Hum! Rolou um ódio grande por aqui. Ainda tem cheiro de ódio no ar".

Fiquei imaginando que, se esse fosse um consultório convencional, ele certamente seria chamado de esquizóide por sentir o cheiro do ódio. Digamos que ele tem "um nariz paranormal". Ele é médium e sente o cheiro dos sentimentos. Temos que admitir que isso não é uma coisa muito comum de se ver por aí.

Ele sente o cheiro dos sentimentos, outros atribuem cor ao sentimento.

São pessoas que têm uma capacidade olfativa ou visual além do normal, além das freqüências pesquisadas das ciências oficiais:

- Raio cósmico;
- Raio gama;
- Raio-X;
- Ultra-violeta;
- Raio solar; (visão só aqui)
- Infra-vermelho;
- Freqüência do radar;
- Freqüência da TV;
- Freqüência da FM;
- Freqüência das ondas curtas;
- Freqüência das ondas longas.

Apenas a do raio solar é visível ao olho humano normalmente. No universo há mais do que meus olhos vêem; até por uma questão neurológica, a águia vê melhor que o homem, ou o cão ouve sons mais agudos.

Captação de Vibrações Verbais

As vibrações verbais são aquelas que nos impressionam através da voz, ondas vibratórias emitidas pelo laríngeo, um dos nossos centros de expressão.

O poder da voz é fortíssimo. Pela fala transmitimos idéias, ensinamos, criamos, destruímos, transformamos.

O intelecto sempre entra em cena de mãos dadas com a linguagem, mesmo nas outras espécies:

- a galinha cacareja, anunciando que botou, para alimentar os pintinhos ou quando se sente em perigo;
- os pássaros chamam as companheiras através canto;
- o cão é quase gente quando gesticula, late, uiva ou emite ganidos de dor.

Se você convive com um deles, preste atenção. Certamente você já tem um código de comunicação até através do olhar dele. Ele usa sua "voz" sem fazer uso de palavras. Nós fazemos uso da nossa voz através de palavras, que são a roupagem de nossas idéias.

Ainda sem fazer uso da palavra o bebê se comunica pelo choro, pelo riso, pela expressão. A mãe sabe distinguir diferentes tipos de choro:

"Ele está com dor";

" Isso é choro de sono";

"Agora esse chorinho é de manha";

"Esse choro é de resfriado, quando ele está se resfriando chora assim...";

"Gente! O menino está chorando de fome!".

É o bebê falando com a mãe, pedindo, reclamando, solicitando; ele ainda não é capaz de moldar suas comunicações em palavras. Mas, à medida que seu pensamento, sua inteligência se desenvolvem, sua linguagem também se desenvolve, aí ele passa a usá-la para expressar não só o que sente, mas também o que pensa.

Em contrapartida, o pensamento, os sentimentos e as experiências também sofrem interferência, num primeiro momento, da fala dos familiares, depois do social...

"Não diga isso, é feio! Menino bem educado não fala isso."

"Junte seus brinquedos, senão jogo-os no lixo."

"Arrume sua cama!"

"Ponha ordem no seu quarto!"
"Coma a verdura do prato."
Por trás dessa fala há uma força, uma energia, um ensinamento. Estou ensinando a essa criança a ser autoritária.
Existem na palavra alguns tipos de energia, que se integram:

- sonora (é o próprio som);
- emocional (tom de voz suave, ameaçador, rápido, lento, etc);
- mental (revela o nível da mente que a emitiu e o objeto a ser atingido – educação, reprimenda, manipulação).

Às vezes você está ouvindo uma fala que, do ponto de vista do discurso, está correta. Tem começo, meio e fim; tem coerência, a pessoa tem argumentação lógica, mas não lhe soa como verdade. É muito comum acontecer isso no discurso político. O candidato está lá, falando, mas parece que falta um ingrediente. Será que a emoção que ele imprime à voz é verdadeira ou foi aprendida num treinamento da Oficina de Artes Cênicas?

Existe um poder enorme de criação na palavra: "E disse Deus: haja luz. E houve luz". E disse Deus: "Ajuntem-se as águas de baixo dos céus num lugar; e apareça a porção seca". E assim foi.

É a narrativa bíblica chamando a atenção para o poder da fala.

Educamos nossas crianças falando, transmitindo nossos valores; através da fala criamos uma atmosfera mental de coragem, de medo, de firmeza ou insegurança, que atrai experiências em nossas vidas.

Peço sempre a meus alunos que me relatem:

- falas que os pais usavam com freqüência;
- ditados habituais;
- atitudes dos pais;
- panos de cozinha com dizeres;
- recomendações maternas ou paternas freqüentes;
- elogios;

- críticas da infância;
- sua história favorita;
- a parte mais interessante da história.

> *– E o que isso tem a ver com a mediunidade?*
> *– Não estou trabalhando com uma mediunidade solta no ar. Estou lidando com uma pessoa que tem um tipo de personalidade que serve de estrutura para a mediunidade. Não é um curso teórico, é um trabalho de desenvolvimento do ser, que mora lá dentro; não é uma leitura, é uma experiência; não é um remendo, é uma transformação que não é só para hoje. Uma conquista que o aluno incorpora (se quiser) na sua forma de ser, de perceber a vida.*

Vamos analisar agora as recordações de Daniela:

"No natal, sob a árvore, havia três presentes: um para mim – eu tinha 11 anos – um para meu irmão, 9 anos, um para meu irmão, 7 anos. Abrimos primeiro o pacote vermelho, era um automóvel de corrida, luzidio, destinado ao de 9 anos, porém, os olhos do meu irmão mais novo não desgrudavam do carrinho. Abrimos o segundo pacote, era para o mais novo, um tambor. Li com facilidade o seu desapontamento estampado no rosto, mas o que lhe cabia era o tambor. Então eu marchei pela sala com ele, marcando o ritmo da marcha no tambor. Eu fui na frente, depois mudamos de posição e eu fui atrás. Eu queria que ele pensasse que eu tinha gostado muito do tambor. Eu tinha ficado triste, com pena, porque ele ficara desapontado."

"E o seu presente. Você não abriu?"

"Sim, bem depois. Era uma saia."

Daniela não se recordou de uma situação agradável, alegre, de brincadeiras espontâneas. Ela ficou triste, com pena.

Julgou que deveria fazer tudo que fosse possível para tornar o irmão feliz.

Através da palavra falada entrei no mundo das crenças da aluna. Através da palavra falada fomos caminhando, explicando, nos entendendo, pude mostrar-lhe que, ficando ela também triste, em nada ajudava ninguém, bem como nada adiantava ficar com pena do irmão e vê-lo como incapaz de lidar com os próprios sentimentos. Claro que eu não queria que aos onze anos ela já tivesse esse entendimento. Quero isso agora, porque a transformação mora num tempo chamado presente.

Podemos sim ajudar outras pessoas, mas sermos responsáveis por aquilo que elas sentem, já é outra coisa.

Criamos uma situação de exposição, de reflexão, de ajuda através da palavra falada e buscamos a propagação dessa ajuda, agora, através da palavra grafada, no livro.

Usar a palavra para criticar não ensina a realizar.

> *– Ah! E a crítica construtiva?*
> *– Crítica é crítica! Alcli, não é a crítica que constrói, é a consciência de uma nova forma, de uma nova forma de perceber, de fazer algo. Dizer para o meu aluno: "A conta está errada", e não ensiná-lo a fazê-la corretamente é uma atitude que deixa a desejar.*

Um ato construtivo é feito com confiança na realização.

Uma palavra de crítica, de acusação, realiza? Existe poder na palavra, sim! Mas o que estou criando com ela?

Comece a ficar atento às próprias palavras, grave seus telefonemas e ouça-os depois, observe o teor de suas piadinhas, do seu senso de humor.

Aprendemos a ler, escrever, calcular, mas não nos foi ensinado o poder da palavra. Falamos bastante, mas pouca atenção prestamos ao que dizemos e menos ainda ao que causamos com isso; não nos foi ensinado em nenhuma escola que cursamos que as palavras que proferimos voltam para nós na forma de experiências, mas ao mesmo tempo lembro da sabedoria popular que diz: "Não cuspa para cima que cai na cara".

Quando fazemos uma afirmação sobre alguém, assumimos a responsabilidade daquilo que dizemos. E é na manutenção dessa responsabilidade que reside o poder da fala.

A palavra usada no tribunal diz muito sobre essa responsabilidade: "Jura dizer a verdade, somente a verdade e nada mais que a verdade?"

A palavra usada no cartório: "É de sua livre e espontânea vontade casar-se com..."

A palavra do professor tem peso para o aluno. Lembro-me bem que quando ia verificar alguma lição de casa dos meus filhos e explicava algum item de modo diferente do utilizado na escola, lá vinha o lembrete: "Mãe, meu professor não ensinou assim!"

A palavra do aluno: "Não entendi" orienta o trabalho do professor. A palavra do doente orienta o diagnóstico médico e cria uma situação para o tratamento.

Dentro da minha cabeça só eu penso, dentro da sua cabeça só você pensa, mas se nos comunicamos podemos somar esforços.

Palavra: criação através do som, que transporta uma intenção.

A palavra é a responsável pela expressão da vontade. Conta no poder da fala: o que se fala, e como se fala.

Jesus disse: "Pelas tuas palavras serás justificado, e pelas tuas palavras serás condenado". O policial diz: "Você tem o direito de permanecer calado, pois o que for dito pode ser usado contra você".

Jesus estava fazendo referência ao poder que a palavra possui para estabelecer no éter uma corrente vibratória capaz de produzir extraordinários efeitos:

- a prece feita em conjunto;
- o hino cantado com emoção;

• o mantra entoado pelo grupo;
• o orador que conduz uma vibração.

Através das palavras criamos um ambiente e novas oportunidades em qualquer rumo de atuação. Há palavras que incitam à ação, outras que são vazias, ocas. Certamente você já ouviu convites, imposições, súplicas, declarações, determinações, abobrinhas.

Além do que se fala, há o como se fala, a dinâmica da comunicação.

Tenho, no quarteirão fechado onde moro, uma vizinha que, embora more ali há oito anos, não cumprimenta nenhum dos moradores e não participa de nenhuma comemoração da vizinhança.

Na época do vestibular, soube pelo irmão que ela havia sido aprovada para o curso universitário. Perguntei:

"O que ela vai fazer?"

Ele respondeu:

"Comunicação."

Em compensação, o jardineiro analfabeto que fazia os jardins locais era comunicativo, alegre, simpático, cativava as pessoas, que gostavam de conversar com ele.

O uso da fala é sensibilidade, arte, ensino, ciência, comunicação, sabedoria.

A criança cativa porque fala com espontaneidade, com graça, com sinceridade, com leveza, com o olhar, com o corpo.

Observe:

TOM IMPERATIVO — AGRESSIVO

TOM DE SOLICITAÇÃO

Se você disser ao seu filho que errou um cálculo: "Você é um burro, ainda não entendeu a conta!" (tom agressivo). Ou "Querido, vamos rever a conta?" (tom carinhoso), qual das duas falas abre o caminho da aprendizagem, da coragem, da auto-confiança?

A aprendizagem corre solta no aluno auto-confiante. Nossos sentimentos vestem as roupas das palavras e passeiam nos diálogos.

Nossa atitude vasa através de nossa fala, que vem carregada de intenção.

Como é que você vai vender um produto no qual não acredita? A primeira pessoa que precisa acreditar no que você diz é você mesmo.

Se não creio numa idéia como vou propagá-la? Falo uma palavra fria, destituída de calor, de energia, de realização.

> *– Ah! Mas tem gente que mente e se dá bem com uma fala de mentiras!*
> *– Mas apenas temporariamente! Porque nessa atitude não se produz nada no universo, apenas causamos um desequilíbrio que, mais dia menos dia, gera uma desarmonia que traz suas conseqüências, além de ficar impressa na estrutura mental do mentiroso. A propósito, só usamos o recurso da mentira como um mecanismo de defesa.*
> *– Mecanismo de defesa?*
> *– Isso mesmo! Quando não temos estrutura para encarar a verdade. A pessoa mente ou deixa de mentir não por que é feio ou bonito, mas porque tem ou não estrutura para encarar a verdade.*

É voz corrente na população que a "mentira tem pernas curtas", quer dizer, uma pessoa desprovida de honestidade vai se revelando através de detalhes, que quando temos um sistema de sensibilidade mais apurado, é fácil perceber.

Esse é um uso, um atributo que o sexto sentido oferece, independentemente de crença religiosa. E só por essa vantagem incluída no seu cotidiano, já vale a pena investir nesse assunto.

– Vamos adiante. Quando alguém se mostra desonesto, mente para você, qual é a sua tendência ante a narrativa dele, Alcli?
– Ficar muito mais atento.
– É! Você vai apurar sua capacidade de percepção da energia trazida pela palavra do outro. Ficando mais atento você dificulta a possibilidade do outro enganá-lo, tornando esse fato menos provável de ser repetido uma outra vez, pela mesma pessoa; então concluímos que a eficácia da mentira tem curto prazo, lembrando por outro lado, que as melhores relações, amizades ou negócios são aqueles que alimentamos por longo tempo.

Esse princípio é básico na comunicação.

Construímos, transformamos ou destruímos pela palavra.

Você, além de ouvir, sente a palavra. É sua sensibilidade em ação que você carrega em qualquer circunstância.

Uma fala baseada na mentira pode aparentemente solucionar uma situação, mas planta para ser germinada a longo prazo a semente da falta de credibilidade.

Quando acreditamos na atuação da mentira como solução de situações nos colocamos na sintonia da mentira e, conseqüentemente, teremos mais chances de conviver com mentirosos encarnados ou desencarnados.

Uma vez meu amigo espiritual me soprou: "tudo no universo está harmônico". Num primeiro momento aquilo não fez o menor sentido. "Como? Tudo está harmônico?" Pensei... pensei que ele nunca havia visitado um pronto-socorro público, uma favela, um presídio, um ônibus de periferia às seis da tarde.

Mas de vez em quando vinha ele com a mesma afirmação: "Tudo está em harmonia". Lentamente foi ficando mais claro para mim que era só uma questão de vocabulário: "Tudo está em sintonia".

> *– Você disse que a fala da mentira é como uma semente daninha ao longo do tempo...*
> *– Claro! À medida que as pessoas vão descobrindo a mentira, o que elas fazem?*
> *– Afastam-se!*
> *– Esse afastar lá fora é fruto do afastar-se dentro.*
> *– Afastar-se dentro?*
> *– É você que sufoca sua alma, o que você sente de verdade lá dentro. Você próprio se rejeita, aí a rejeição fora é apenas um reflexo. O que está fora está dentro.*

Mentimos para nos proteger, para não mostrar nossa forma real de pensar, sentir, agir.

E por que não quero me mostrar como sou? Porque posso perder a atenção dos outros, posso perder a valorização do outro. E para não perder a valorização do outro, eu perco a minha própria.

Quando não dou valor para mim, o que penso não conta, o que sinto não conta, e quando emoções ou sentimentos são rejeitados, bloqueados, reprimidos, sabe o que acontece? Eles vêm para o corpo, vêm ganhar morada no físico. Dificultam a respiração, contraem músculos, formando o que a Bioenergética chama de armadura corporal, depois de terem feito uma armadura energética.

Enquanto o corpo físico ganha uma armadura, a minha consciência é traída e eu enfraqueço a auto-estima, a reputação que tenho de mim.

Que sensação você registra quando se percebe sem coragem de dizer o que sente? Alegria? Prazer? Sucesso? Fracasso? Descrédito?

A consciência sente-se traída quando não se vê traduzida numa ação adequada. Minto para não perder a estima do outro e perco a minha auto-estima. Minto para não me sentir embaraçado diante do outro e me embaraço diante de mim porque crio uma barreira na expressão dos meus sentimentos.

Minto que não minto, assim não preciso reconhecer meus pontos fracos.

Nossos pontos fracos não moram na mediunidade, moram na personalidade.

A ajuda vinda de amigos espirituais através de inspirações, a ajuda do passe, dos florais, da Bioenergética são exatamente isso: ajuda.

Cura é um processo de transformação interior, implica em eu olhar para dentro de mim e atuar comigo.

Não estou condenando ninguém por tomar uma atitude defensiva. Todos usamos mais que um tipo de defesa; ninguém gosta de se ver em dificuldades, e poucos são suficientemente fortes para encarar todos os fatos 24 horas por dia. Mas também não podemos negar que as dificuldades se avolumam quando uma defesa qualquer não cede espaço à realidade e interfere na sua capacidade de interpretar ou de agir no mundo real.

A mentira pode ser a semente da árvore da depressão. Começo me defendendo do mundo, mas se caminhar nessa direção, passo a temer o mundo.

O uso adequado da nossa consciência não é automático, nem programado; é opcional. Quando a estima por si mesmo é baixa, somos facilmente controlados pelo medo.

> *– O que são pontos fracos?*
>
> *– São atitudes interiores que nos fazem sentir mal. Veja se você se sente bem quando vive culpas, medos, preocupações, dependências, raivas, mágoas... É gostoso sentir isso?*
>
> *– Não!*
>
> *– Agora diga-me: você acha que aprendeu alguma coisa com a nossa conversa?*

– *Claro!*
– *Foi uma conversa produtiva ou destrutiva?*
– *Produtiva.*

Usamos nosso tempo, nosso pensamento, nossa inteligência, nossa energia e nossa palavra para criar uma oportunidade de aprender. Portanto, nossa fala foi usada para construir. A direção que dou à minha palavra é opcional.

Captação

Através do sistema auditivo eu capto o som das palavras. Através do meu sistema de sensibilidade eu capto a energia, os sentimento que acompanham o som das palavras.

– *Você capta a energia que vem com as palavras?*
– *Não só eu.*

Todas as pessoas podem captar ou não, até o bebê. A mãe fala carinhosamente com ele enquanto muda a fralda. "Cadê o porquinho da mamãe?" E ainda cantarola:

"O porquinho fez cocô nas fraldas ..."

Literalmente, ela está afirmando que ele é um suíno.

– *Não foi isso que eu notei!*
– *Claro! Porque havia junto com a interrogação "cadê o porquinho?" carinho, leveza, ternura, afeto.*

A cantiga também fala de um estado de suavidade canalizado ao bebê. O bebê não sabe o que a mãe está dizendo em nível intelectual, mas sente a energia emanada da mãe. Faz captação da emoção da mãe através do seu sistema de sensibilidade.

Todos nós fomos bebês e fizemos captações do ambiente sem fazer uso do poder de escolha. Hoje estamos maiores e podemos escolher com o que vamos trabalhar.

> *– Como?*
>
> *– Como quem escolhe feijão. Você sabe escolher feijão, Alcli? O que serve fica, o que não serve joga-se fora. Com a energia é a mesma coisa. Ao que serve, dou guarida, ao que não serve, promovo uma rápida e eficiente ação de despejo.*

Ouço aquilo que você diz, porque graças a Deus não sou surda, mas não preciso valorizar tudo que ouço; não preciso captar a energia que vem junto com a sua palavra.

REGINA | S | T

IDADE: 39 anos
PROFISSÃO: professora
ESCOLARIDADE: 3º grau
SITUAÇÃO: dependência emocional;
baixa auto-estima.

A queixa de Regina é: o marido falou, o marido disse, o marido gosta, o marido não quer...

Ela é um satélite girando em torno dele. E como todo o satélite, não tem vida própria. Regina capta toda a energia originada dele sem nenhuma escolha, sem nenhuma seleção. Seus olhos marejaram quando contou que ele havia dito em tom de reprimenda: "Você não é mais a moça com quem me casei há vinte anos".

E quase caiu da poltrona quando eu completei: "não é mesmo!"

E, de propósito, deixei um largo silêncio no ar. Depois retomei a palavra:

"Claro! Ele não é mais o mesmo rapaz também! O tempo passou para ambos."

Eu entendo como um elogio não ser mais a adolescente de ontem, e sim a mulher madura de hoje. Só que isso era um entendimento só meu. Regina estava num mar de dúvidas... e se ele não entender? E se ele não aceitar? E se ele...

Ela não pode costurar a boca do marido (pelo menos não deve) nem a de ninguém, mas também não precisa acolher tudo que lhe chega aos ouvidos. Ela pode aprender a usar o poder de escolha.

Existe aquilo que ele fala, e ele é livre para falar o que quiser, tanto quanto ela é livre para valorizar a palavra dele ou não. Isso ela não havia aprendido; mas aprendeu. É uma questão de aprendizagem, de treino, possuir ouvidos seletivos. Fique atento.

Podemos ser médiuns uns dos outros quando fazemos captações da energia da palavra. Como fazemos captações da energia dos outros, esses "outros" podem ser os encarnados, ou os desencarnados. E quando temos um acentuado nível de sensibilidade, podemos ouvir aqueles que vivem no astral, em algumas ocasiões, o que chamamos de transe.

> *– Transe?*
> *– Um estado alterado de consciência que envolve a percepção do médium, permitindo que ele faça contato, que ele perceba outros níveis de realidade.*
> *– Em que outras ocasiões temos estados alterados de consciência?*
> *– Durante o sono sua percepção é alterada. Você desliga-se do mundo exterior, sua consciência deixa de percebê-lo. Você não nota quem entra no seu quarto. O sonho é outro estado de consciência, você percebe imagens*

vindas de outra região do ser. A hipnose é também um transe.

No transe, o médium pode perceber outras dimensões da realidade.

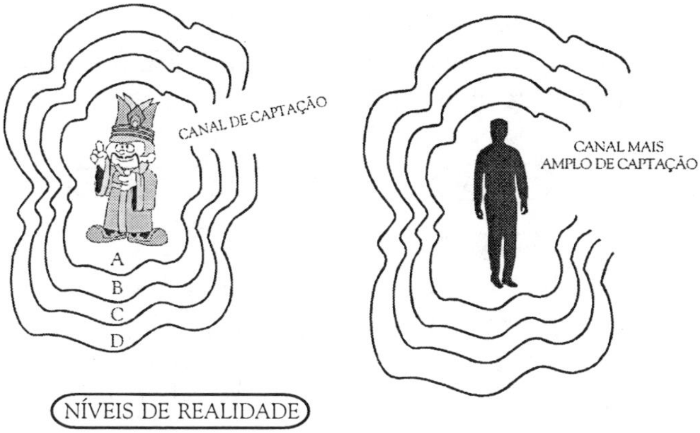

A: NÍVEL CONCRETO, CONDENSADO, DOS CINCO SENTIDOS.
B: NÍVEL DAS EMOÇÕES.
C: NÍVEL DAS IDÉIAS.

Como tudo na vida segue o caminho da individualidade, desde as células do seu corpo (cada uma é uma) até os planetas (cada um é um), também o processo mediúnico segue o mesmo rumo.

É um processo. Entenda processo como um rio que não pára, está em movimento contínuo. Você não encontrará dois médiuns iguais. Eles podem ter processos (rios) semelhantes, mas nunca idênticos, e esses processos serão mutáveis, evolutivos.

A consciência que se utiliza de cinco sentidos percebe a realidade de forma diferenciada da consciência que se utiliza de seis sentidos.

Todos nós ouvimos o som das palavras com maior ou menor amplidão. Quem não tem boa audição sempre solicita: "Fale mais alto, quase não ouço".

Esse é um ouvir com o sentido físico, o som do mundo físico, mas há pessoas que possuem uma acuidade auditiva maior em certas ocasiões: Ouvem ruídos, ouvem alguém chamar, ou vozes indistintas, vozes distintas, ouvem vozes só dentro da sua cabeça ou fazem diálogos com seres de outra dimensão.

Essa faculdade de ouvir além da faixa de percepção dos simples mortais chama-se clariaudiência. É a relação com a palavra vinda do mundo astral.

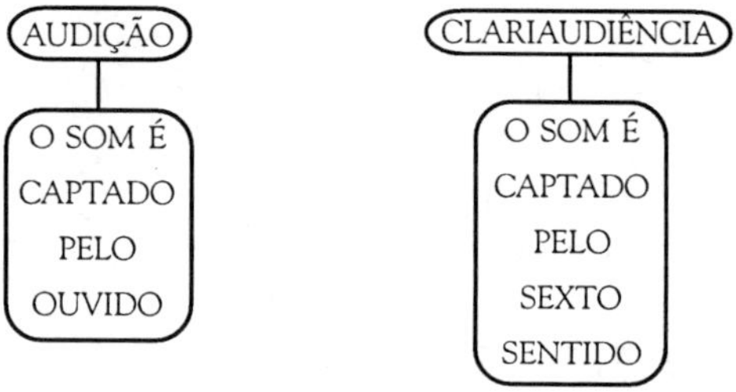

Vamos entender que o médium tem um ouvido com maior amplitude de recepção. Ouvimos numa faixa de 16 a 30.000 vibrações por segundo; um médium ouve vibrações acima desse nível.

Um médium audiente ou clariaudiente é aquele que ouve sons vindos de outras dimensões. Há aqueles que ouvem uma voz interior, na própria cabeça, e outros que ouvem uma voz clara, nítida, igual à de uma pessoa viva falando por perto (clariaudiente).

Podem manter um diálogo com o interlocutor; outras vezes não conversam com a entidade presente, apenas limitam-se a transmitir aquilo que lhes chega.

Tenho clientes que me relatam que ouvem premonições, ensinamentos, músicas. Outros não são tão felizes quanto ao conteúdo da mensagem recebida. Escutam impropérios, gracejos, gargalhadas, gemidos, ordens.

Aos poucos, com a experiência, fui percebendo que a natureza do transe mediúnico tem estreita relação com a forma de ser de cada um.

Neli | O | P

Idade: 65 anos
Profissão: artista plástica
Escolaridade: 2º grau
Situação: ouve vozes tristes, choros.

Neli era uma pessoa com alto grau de impressionabilidade. Costumava, durante nossas oficinas, ao fazer uso da palavra, queixar-se do marido, dos filhos, da saúde, enfim, de tudo. Era uma queixa feita num tom de voz carregado de tristeza. Nunca chorou durante nossos encontros, mas tinha o discurso da vítima: "fiz sempre por eles... nunca tenho companhia... não merecia ser tratada assim... o que será que fiz de mal para eles? Onde foi que eu errei?"

Ela adorava a postura de vítima: queixava-se de abandono, pensava com mágoa, com auto-piedade, acalentava a dor, o sofrimento, o ressentimento. Sentia-se uma vítima das pessoas, da situação.

MEDIUNIDADE + SENTIR-SE VÍTIMA = OUVIR LAMÚRIAS ASTRAIS

Pense comigo: vitimismo é um traço de personalidade, não de mediunidade.

Enquanto orientadora, não posso tirar, afastar, jogar fora a mediunidade de ninguém, mas posso orientar a pessoa quanto a sua forma de se ver como vítima dos outros. Se é forma, transforma-se. Mas ninguém transforma ninguém, é a própria pessoa que aceita ou não trabalhar no seu processo de auto-transformação.

Eu não tenho poder sobre ninguém, posso apenas sugerir, ensinar, falar, orientar. Não posso aprender pelo outro, não posso viver o processo do outro.

Considere o agente comunicador como um plug e o médium como uma tomada. Se eu tirar a tomada, não adianta você ter o plug. Certo?

> *– Médium? Plug? Tomada? Agente comunicador? Nossa!*
> *– É, se Neli deixar de sentir-se uma vítima porque não tem a companhia do marido ou dos filhos, se perceber que pode ver a situação de outra forma: que o marido tem arbítrio e escolheu viver com outra pessoa mais próxima do jeito dele...*

O marido dela gosta de noitadas, de álcool, fumo; ela não gosta disso e quer convencê-lo de que o modo dela viver é que convém a ele.

Ninguém convence ninguém a nada, as pessoas se convencem. Neli não entende como, tendo cinco filhos (todos casados), não tem a companhia deles nos finais de semana, e se pergunta: "Onde foi que eu errei? Todos me abandonaram".

É a forma que Neli tem de ver os fatos que a levam para um estado de mágoa, dor, sofrimento.

Ela não sabe que a consciência pode sair do estado do sofrimento e conquistar outros territórios. A conquista está na pessoa. Não na mediunidade dela, mas na personalidade.

Eliminar a tomada é eliminar essa dependência, essa carência afetiva. Neli não vai perder a sensibilidade, vai apenas focá-la numa outra direção. Mas isso, se quiser.

Podemos gostar dos outros, isso é bom! Se os outros gostam da nossa companhia, é muito bom também, porém, esperar que o outro queira e possa ficar conosco 24 horas por dia já é uma outra situação completamente diferente, caracteriza o desequilíbrio.

Se ela eliminar a carência sai da freqüência dos carentes, perde o contato, perde a sintonia, assim como quem muda a estação do rádio.

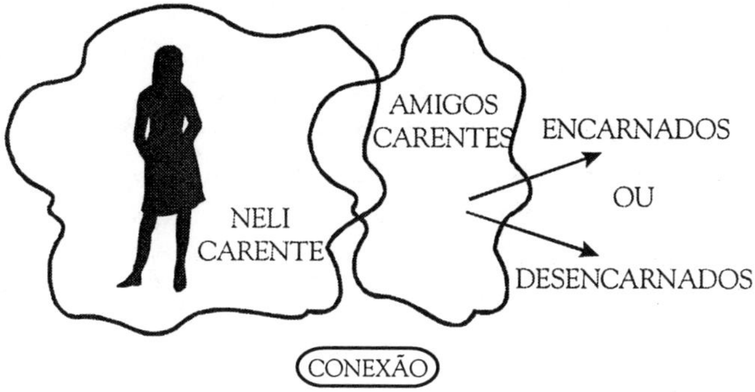

A conexão é feita através da carência.

"Diga-me com quem andas e te direi quem és", ou "quem és atrai tuas situações", ou "você é responsável pela sua vida", ou "você é o senhor do seu carma".

> *– Epa! Você não pegou pesado agora? Você é o senhor do seu carma?*
>
> *– Não. O seu carma está absolutamente atrelado a sua forma de pensar, a suas crenças, seus valores. Se Neli mudar sua forma de pensar em relação à família, muda o "carma do abandono". Ela não está abandonada por outro que não seja ela mesma. Não é uma questão de carma, é uma questão de auto-estima. Mudou o enfoque, mudou a disposição interior, mudou o carma.*
>
> *– E quando o médium não é ouvinte? É falante?*
>
> *– Não é médium ouvinte; é audiente. Não é médium falante (falante é grilo), é médium psicofônico.*

– Psico o quê?

– Médium psicofônico é aquele médium que, em transe, fala; faz uso da palavra. Essa modalidade de mediunidade chama-se psicofonia.

– É a mediunidade de incorporação?

– É! Porém, a idéia de incorporação, de dar corpo ou forma corpórea, é inadequada. O espírito comunicante não tem corpo, o contato é energético. O médium faz as vezes do telefone, transmite a fala da entidade. Vamos entender que psicofonia é a manifestação de um espírito no mundo físico através da voz do médium, o que faculta o contato com o mundo astral.

– O médium repete como papagaio?

– Não é isso. Há algumas formas de ocorrência do fenômeno.

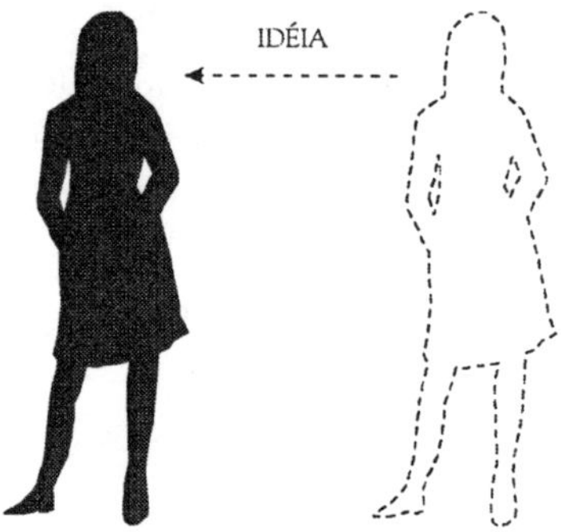

O médium capta a idéia e a transmite com seu próprio vocabulário.

É uma captação telepática da idéia a ser expressa. Aqui as idéias pertencem à entidade, e as palavras, a voz, o jeito de se expressar, os maneirismos pessoais pertencem ao médium. É como quem leva um recado.

Se o médium é culto, se tem raciocínio claro e alto teor de captação, "o recado" chega mais límpido; se o médium é inculto, se não compreende bem a idéia, se seu vocabulário é restrito, cai a limpidez do recado, aparecendo as interferências naturais

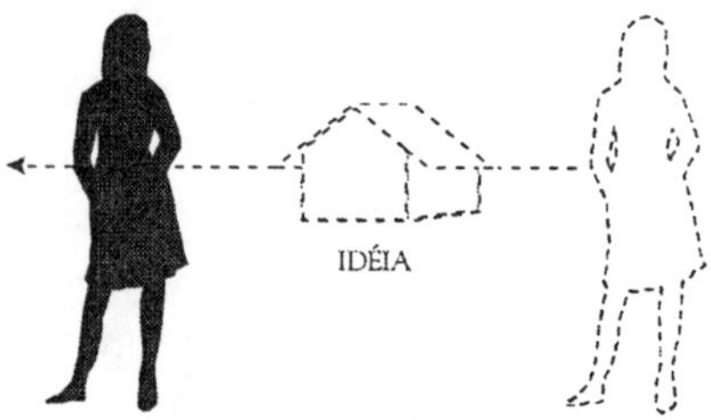

do processo mediúnico. Se o médium é uma pessoa insegura, que teme o comentário alheio, aí nem ocorre a manifestação da mensagem captada porque ele (não a entidade comunicante) tem medo ou vergonha de falar e não ser aceito.

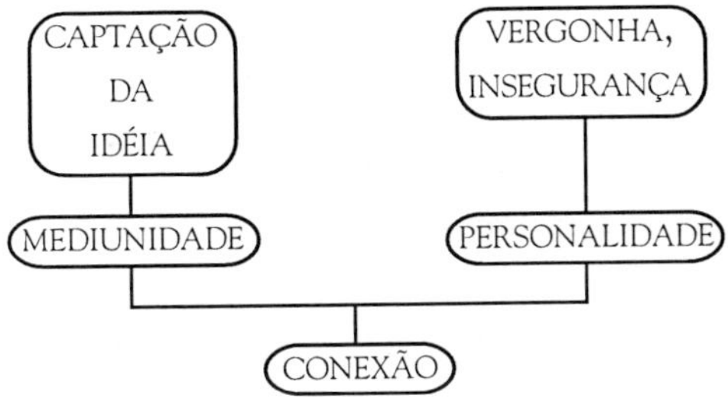

A mediunidade está atrelada à personalidade do médium. Você pode servir água em copo de cristal limpo, sujo, em copo de plástico, de vidro, caneca... sem contar que a água também pode estar limpa, suja, fria, quente...

São muitas as combinações, cada situação é uma situação. Estamos tratando de um relacionamento entre duas consciências de dimensões diferentes. Se você não tem duas pessoas iguais já na dimensão física, porque cada um é um, imagine, então, quando essas pessoas pertencem a dimensões diferentes.

Se cada pessoa é única, cada personalidade é única, cada mediunidade será única, cada processo é personalizado.

> *– Então, sempre a situação é única e sempre há interferência do médium na comunicação?*
> *– Se é o médium que fala, no mínimo há interferência da voz, que não é a única. Acontece todo um envolvimento energético.*

Há médiuns que estão absolutamente conscientes do transe. Percebem a energia do ambiente, a aproximação da entidade, o envolvimento energético, a manifestação na íntegra. Interferem conscientemente no processo, lembram-se de tudo que ocorreu, têm a situação do transe sob seu inteiro comando.

Sua personalidade fora do transe é a mesma. São pessoas responsáveis, atentas, donas da própria vontade. O que ela é enquanto pessoa (consciente) não se perde durante o transe mediúnico.

> *– Mas se o médium interfere no processo, a comunicação não fica deturpada?*
> *– Não necessariamente.*

Não entendo interferência como deturpação. A interferência ocorre:

- impedindo a manifestação;
- desfigurando a manifestação;
- aprimorando a manifestação.

Tudo depende da personalidade do médium.

Certa vez, eu participava de um grupo de estudos mediúnicos na condição de aprendiz. Chegara havia pouco tempo no grupo. Ouvi as aulas teóricas, gostei e acompanhei com interesse. Vieram as aulas práticas, os testes, as manifestações.

Quando se iniciaram as manifestações, fiquei bastante atenta. A curiosidade do pesquisador que vive em mim era grande e eu queria entender, conhecer, observar, anotar, comparar os fenômenos que ocorriam a minha volta. Até que a orientadora disse: "Minha gente, vamos captar a energia do astral. Os mentores estão presentes e aguardam o momento de nos transmitirem seus ensinamentos".

Fechei o eterno caderno que me acompanha, e os olhos também, e fiquei quieta, atenta ao que pudesse acontecer. Alguns médiuns disseram algumas palavras, um simples boa noite, outros uma frase cordial, um agradecimento pela oportunidade que lhes era oferecida, etc. Eu não estava anotando no caderno, mas não perdia nada.

De vez em quando a orientadora fazia alguma consideração: "Amigos", dizia ela, "há médiuns aqui presentes que não fizeram contato com o mentor. O mentor continua aguardando..."

Eu, lá dentro de mim, pensei: "Será que é comigo isso?" Fiquei atenta em mim e não no ambiente, e me ocorreram idéias que formavam um apelo à pesquisa, ao estudo da alma. O apelo era perfeito, idéia clara. Começo, meio e fim, coerente com o propósito do grupo.

Eu entendi que havia captado a idéia do mentor, mas em seguida pensei: "acho que essa idéia não é de mentor nenhum, é minha mesmo. Eu me interesso pela pesquisa da alma, tanto que estou aqui para observar esse tipo de estudo".

A voz da orientadora soou novamente na sala: "Gente, o mentor está aguardando ainda a disponibilidade do médium".

Eu, lá dentro, senti um impulso, mas não me deixei expressar. Estava convencida de que a idéia era minha, que não tinha mentor nenhum e pronto!

Novamente a orientadora pediu a colaboração do médium para dar "passividade" à manifestação. Então eu pensei: "Olha que gente mais sem educação, sem consideração: vem aqui, ocupa a oportunidade, o mentor vem e fica se esmerando e perdendo tempo com esse pessoal malcriado. Deus me livre".

Não demorou muito e a participante ao meu lado falou com todas as palavras as idéias que faziam um apelo à pesquisa, ao estudo da alma; idéia clara, com começo, meio e fim, coerente com o propósito do grupo.

Eu fiquei surpresa. Entendi o recado, e como se o fato não bastasse, quando a comunicação foi encerrada, a orientadora informou: "O mentor cansou de esperar o médium que não permitiu que a comunicação se efetuasse por meio dele, então se valeu da mediunidade de outro participante".

Eu aprendi a lição, não só da captação da idéia, do impulso da fala, da psicofonia, mas muito mais da minha insegurança, da minha falta de confiança, do quanto eu estive sendo crítica e julgadora, perdendo uma oportunidade de treino. Só que, quando eu me dei fé, tomei consciência do que havia acontecido, comecei a reverter a situação.

São fascinantes os caminhos da aprendizagem. Eu fora lá para aprender o tema e treiná-lo. A vida me dera o tema, o treinamento, a experiência, a percepção do quanto meus traços de personalidade interferiram no processo, e no final do encontro a felicidade de saber que naquela noite eu havia aprendido muito mais do que fora buscar.

> *– E a desfiguração da comunicação?*
> *– Também pode ocorrer. Acontece quando o espírito comunicante envia uma idéia, uma mensagem, e o médium capta, porém, a percebe de uma forma desfocada.*

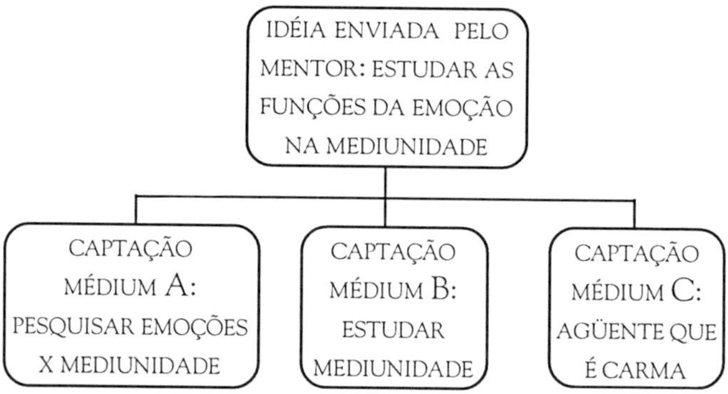

A mensagem vem telepaticamente, o médium a recebe e transmite segundo sua compreensão, percepção, decodificação. Cada um reage de um jeito.

Einstein diz que o universo é apenas uma forma de percebermos as coisas. Tudo depende da percepção humana.

Cada um entende como pode, como é capaz, segundo seu grau de desenvolvimento, de sensibilidade, de experiências.

> *– Como captamos uma idéia, Alcli?*
> *– Pelo pensamento, creio!*

– *É pelo pensamento, sim, e o pensamento é simbólico. Pensamos através de símbolos.*

Quando eu digo "bebê" surge uma imagem na sua mente, provavelmente uma criança de zero a doze meses. Você tem um conceito, uma idéia de criança que associa ao estímulo recebido. Esse código associativo é de cada um, é pessoal, é um código individual, pois foi elaborado a partir da experiência de cada um, que foi vivida de uma certa forma, num determinado tempo de sua vida. Dessas nossas experiências guardamos um significado, um sentimento: o que eu senti quando aquilo aconteceu.

Tive uma aluna cujo filho adolescente morrera afogado no mar, durante um passeio pela orla. A associação que ela fazia com o mar era muito diferente daquela feita por uma outra aluna que estava prestes a fazer viagem dos sonhos: um cruzeiro à Grécia. Também essa associação era muito diferente da do aluno umbandista que via o mar como a casa de Iemanjá, lugar onde se pede e se recebe bênçãos.

Você pode notar que o significado da imagem que surge no pensamento do médium muda de pessoa para pessoa, que esse significado será diferenciado para cada pessoa. O código associativo de cada um tem o colorido de sua emoção:

- para a mãe – perda, morte, tristeza;
- para a viajante – clima de romance, passeio;
- para o umbandista – devoção.

A mente do médium lê a energia enviada pela mente da entidade e a decodificação se faz segundo o seu código associativo. Então, pode ou não ocorrer uma desfiguração involuntária.

Considere que o médium faz a captação pela mente e depois impulsiona a informação captada para fora; se quando ele relaxa para falar, para comunicar, tem informações represadas no subconsciente, ao se abrir para a comunicação aquilo que estava ali represado sairá também.

Já vi muitos médiuns em transe de si próprios, sem nenhuma entidade comunicante.

> *– É um blefe?*
> *– Não, é animismo, é aquilo que vem da própria alma. É tão digno de atenção de estudo quanto qualquer outro tipo de manifestação. Não é para se pensar por que esse espírito encarnado, que é médium, precisa de um estado de transe para poder trazer à tona os espinhos que lhe ferem a alma?*

Tenho notado que, por trás do processo anímico, há uma personalidade gritando por socorro: via transe mediúnico.

Tive uma aluna que, na maior parte de suas psicofonias, expressava-se dizendo ser Van Gogh, Rui Barbosa, Cacique Guerreiro. Não havia nenhum desses personagens ilustres na oficina, o que havia era uma não menos ilustre mulher, cheia de ânimo, de vigor, com um também ilustre sufocamento de forças internas, que não era cuidado e impedia que ela trouxesse a luz para sua arte, sua criatividade (Van Gogh), sua fala inteligente (Rui Barbosa) e sua força (Cacique Guerreiro).

Cuide-se da personalidade e a mediunidade se ajustará como conseqüência. Em contrapartida, não há mediunidade que traga progresso pessoal se apoiada numa estrutura de personalidade com rachaduras.

Aquilo que chamamos animismo é bastante útil, é catártico, pois é uma forma de fazer uma limpeza interna, durante a qual ocorre o alívio de uma excitação, de uma sobrecarga emocional, restabelecendo-se uma situação mais amena para o médium.

Um outro aspecto bastante interessante, também denominado animismo pelos estudiosos da projeção, é o fato de que, quando em transe (estado alterado de consciência), o médium encontra-se no astral com outro médium, também em transe. É um fenômeno puramente anímico entre espíritos encarnados comunicando-se no plano extrafísico, sem participação de nenhum desencarnado.

Podemos concluir que, se quisermos aprimorar nossa psicofonia, estar conscientes do que acontece é indispensável. E isso solicita a participação da nossa alma através da nossa consciência.

Há um outro tipo de fala mediúnica chamado xenoglossia, onde o médium se utiliza de um idioma que lhe é desconhecido. Nas minhas andanças em pesquisas, cheguei a um centro onde uma médium falava numa língua totalmente desconhecida para mim. Chamou-me a atenção o fato, porque notadamente as pessoas do centro não eram poliglotas. Eram pessoas bem simples até, que se expressavam em português, sem grandes conhecimentos gramaticais. Fiquei atenta e passei a observar a médium fora do transe. Moça de "poucas letras", estudara as séries iniciais do primeiro grau, nunca freqüentara um curso de línguas, e durante o transe expressava-se em grego. Terminado o transe, perguntei-lhe se sabia o conteúdo do diálogo. Respondeu-me que não. Sabia que tinha estado em transe, que falara uma outra língua, mas não sabia o que dissera.

– Neste caso, não se pode pensar em telepatia.
– Justamente! Parece que o meio de acesso é outro.

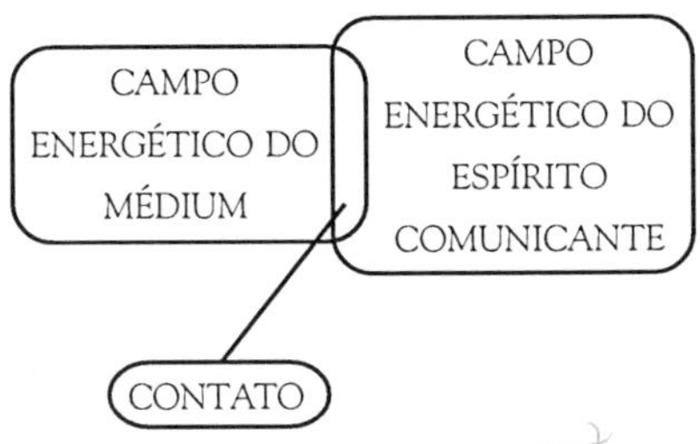

O contato não é feito via pensamento, é feito na fala. A atuação se dá claramente sobre os órgãos vocais.

A comunicação se dá por vários caminhos. A inspiração dispensa ectoplasma, a fala de língua desconhecida solicita ectoplasma. Médium que não produza bastante ectoplasma não vai propiciar com facilidade o fenômeno da xenoglossia.

> *– Por quê?*
> *– Porque ela não recebe a informação por inspiração, num processo mente a mente. No caso presente, ela não recebe a idéia (ela não sabe o conteúdo da comunicação), ela "empresta" o seu aparelho vocal à entidade; e para que o comunicante possa acionar as cordas vocais da médium, ele precisa de um meio, precisa de ectoplasma doado pela própria médium, ou de um terceiro doador.*

Temos ainda a palavra escrita, a psicografia.

Luciana | M | N

IDADE: 23 anos
PROFISSÃO: vendedora
ESCOLARIDADE: 2º grau
SITUAÇÃO: escrita compulsiva de material estranho ao próprio conhecimento.

Luciana veio para a clínica porque estava assustada com o fato de acordar no meio da noite com uma vontade incontida de escrever, e observou que isso passou a acontecer nas horas mais inesperadas, durante o dia também, e o que a deixava mais apreensiva ainda era que aquilo que escrevia, passado um tempo, vinha a ocorrer...

Consideramos:

- fenômenos "estranhos" com hora marcada;
- fenômenos que fogem ao seu comando;
- escrita premonitória;
- susto diante da situação.

Quadro típico de mediunidade. Luciana estava assustada por causa do fato, por não ter o controle sobre o conteúdo da escrita, por perder parte do repouso noturno que ao longo do tempo acarretava desgaste. Nunca aprendera nada sobre "essas coisas", e agora? O que fazer?

Aprender a aceitar com naturalidade, aprender a lidar com o fenômeno, que não é bicho de sete cabeças. Estudar era a grande saída. Estudar, no mínimo, temas como transe e psicografia.

Foi o que fizemos. Pedi o material escrito para observar o conteúdo e fomos abrindo o assunto.

> *– O que você ensinou a ela?*
> *– Comecei tranqüilizando-a: mediunidade é um sentido natural, isto é, dado pela natureza. Não importa se a mãe não é médium, se o pai não acredita, se o pessoal da loja aprova ou não.*

Cada um é um ser único e o seu processo mediúnico é único também. Não há dois médiuns iguais simplesmente porque não há duas pessoas iguais. A natureza não se repete.

A partir daí, o processo de escrita não vai ocorrer igualzinho para cada um. É bom conversar com o outro médium psicógrafo, obter informações das manifestações, saber como acontecem, quando, com que regularidade, o conteúdo da comunicação, etc. Sugiro o encontro, a troca de informações para que a pessoa não se sinta um estranho (só eu tenho isso), para que possa se espelhar no outro, mas sempre lembrando que cada um é cada um.

No grupo de Luciana ela escrevia sem saber o que estava escrevendo. Só quando lia a mensagem é que tomava conhecimento do conteúdo.

Isso aconteceu porque ela tem uma mediunidade de psicografia mecânica.

> *– Psicografia mecânica?*
> *– Sim!*

Temos psicografia:

- mecânica;
- semi-mecânica;
- inspirada.

A psicografia mecânica, ou direta, é aquela onde o médium escreve, como Luciana, e não sabe o que está sendo escrito. Geralmente ele sente o braço "ser conduzido" num ato que independe da própria vontade.

Há casos menos comuns, onde o médium escreve em língua estrangeira, que ele próprio desconhece. Outras vezes o médium escreve reproduzindo a letra do espírito comunicante. O braço e a mão do médium são usados como uma espécie de lápis do astral.

A psicografia mecânica é destituída de animismo. O médium inspirado é consciente do que escreve, é como aquele da psicofonia consciente. Vem a idéia, o médium a recebe e tem consciência do que escreve enquanto escreve, embora não exprima o seu próprio pensar.

Na psicografia inspirada temos espaço para uma manifestação anímica. A escrita vem carregada da participação, do pensamento do médium.

Ao transmitir a idéia, o médium o faz do seu jeito próprio, com seu vocabulário, com seu estilo, com sua personalidade, segundo aquilo que conseguiu perceber. Isso tudo é um conjunto de fenômenos psíquicos pertencentes a sua própria personalidade, que o médium não pode jogar fora na hora do transe.

O meu amigo espiritual me alerta que, quando estou muito bem, estou em condições ideais, tranqüila, etc., conseguimos atingir a marca de 80% de captação, mas quando não estou tão bem esse percentual baixa.

Não há como a entidade usar o aparelho motor do médium sem se envolver com o psiquismo desse médium. Como ativar a região da vontade? A região que controla os centros nervosos utilizados na escrita? Sem contato?

O tipo semi-mecânico é uma modalidade que envolve as duas anteriores: O médium sente o impulso motor e tem consciência do que escreve. O pensamento e o ato da escrita andam em parceria.

Alguns escritores são psicógrafos sem a menor noção disso. Tenho um amigo que é escritor e que me relata: "Aparecida, há dias em que estou só para escrever, parece que é a minha mão que formiga. Eu me sento, a idéia brota, vem uma cena após a outra. Eu não penso, a história vem para mim e eu não sei o que vai acontecer, e muito menos o final dela".

Observe as expressões:

"Eu não penso".

"A história vem para mim" .

"Eu não sei o que vai acontecer".

"Minha mão parece que formiga".

Isso me cheira a inspiração. Outros são escritores exatamente por causa da mediunidade, e são absolutamente conscientes disso. Na capa de seus livros vêm impressos o nome do médium que recebe a mensagem e o nome do orientador espiritual, como, por exemplo:

MÉDIUM	TÍTULO	ORIENTADOR
GASPARETTO	UM DEDINHO DE PROSA	CALUNGA
ZÍBIA	O MORRO DAS ILUSÕES	LUCIUS
FRANCISCO	MISSIONÁRIOS DA LUZ	ANDRÉ LUIZ

Geralmente o médium recebe a informação, telepaticamente vem a idéia; outras vezes a informação vem através de cenas, que são projetadas na sua mente.

– É como se ele assistisse a um filme?

– Isso mesmo. Ele "assiste ao filme" e depois escreve aquilo que visualizou. Em outras ocasiões ele é "transportado" para o local da ocorrência.

> *– Como "transportado"?*
>
> *– O médium entra em transe e seu corpo permanece onde está, mas sua consciência é transportada para um outro tempo ou local, onde observa as cenas, memoriza-as. Daí volta e escreve; numa outra modalidade, sua consciência observa a cena enquanto sua mão escreve aquilo que a mente observa. Somos seres desdobráveis.*

Outros livros psicografados nasceram da coletânea de mensagens recebidas ou de poemas que nos chegam de outras esferas através da mediunidade.

A literatura psicografada é muito vasta, repleta de ensinamentos, de revelações, reflexões, de temas que nos convidam ao crescimento interior; quando não, são muito singelas e nos estimulam a trabalhar com muita disposição.

Num dos nossos encontros, num dia 15 de outubro – dia do professor –, fui para a oficina de mediunidade cheia de boa vontade, cartazes e exercícios. Fizemos a aula com o grupo. Ao final dos exercícios, um aluno me entregou uma folha de papel onde se lia um agradecimento mais ou menos assim: "Durante o tempo em que estive na terra não pude aprender sobre as verdades do ser das quais você fala para sua turma. Agora que estou aqui, todas as semanas venho assistir aos encontros".

Eu ainda tenho o bilhete psicografado.

Captação de Vibrações Emocionais e Sentimentais

Emoção é um estado afetivo que se caracteriza por forte sensação de prazer ou desprazer.

> *– Raiva? Susto? Medo?*
>
> *– Tristeza, ou emoções ligadas à auto-estima fraquinha. Vergonha, orgulho, culpa, avareza,*

> *ciúme, desarmonia, desespero, discórdia, frustração, paixão, etc.*
> *– Virgem! Só coisa ruim?*
> *– Alcli! Não existe "só coisa ruim"! Tudo que a natureza criou tem função. As emoções são forças, energias de preservação da vida que estão a nossa disposição. Fazem parte da nossa natureza animal.*

Como uma criança que ganha um brinquedo e o investiga, toca, observa, verifica, aperta os botões para conhecê-lo e poder usá-lo em tudo que ele possa oferecer, também o homem ganhou a emoção, uma aquarela que dá colorido à vida. É bom investigá-la para conhecer suas nuances, ou seja, sua potencialidade.

São emoções básicas:

- sexual – (construtiva) – prazer;
- raiva – (destrutiva) – desprazer.

A vida se compõe basicamente dessas duas energias de construção (criatividade) e de destruição ou transformação, porque não destruímos nada, transformamos tudo. É na "destruição", no romper da semente que começa a árvore; é na "destruição" da galinha que começa a canja; é no morrer da nuvem que começa a chuva. Não há destruição, "a coisa" não some, não vai para o nada: transforma-se.

> *– Mas o fogo destrói o prédio.*
> *– Não! Transforma-o rapidamente em luz, calor, e cinzas.*

O prédio "virou" alguma coisa, não sumiu. E se formos mais fundo, a criação também é uma transformação.

O universo é um contínuo transformar-se.

A energia sexual, muitas vezes pobremente interpretada, reduzida apenas à atividade física para a procriação, tem mais aspectos. Entenda a energia sexual como força criativa de alegria de viver, o entusiasmo que sentimos pela vida afora.

Ela abriga conteúdos do prazer e da criatividade, que são utilizados por cada um em diferentes níveis.

- Nível mental – invenções.
- Nível astral – impulsividade.
- Nível físico – realização.

Imagine que tudo que o homem criou e cria está ligado a essa energia, na Ciência (remédios – aparelhos), na Arte (música, pintura), etc.

– E a raiva. É básica também?

– É. A raiva é uma energia útil, é uma energia de defesa, de transformação, de destruição. É ela que impulsiona a mudança.

– Como?

– Para que você mude alguma coisa é preciso transformar essa coisa, alterá-la. Se você não cortar a árvore não terá o papel; se não cortar o limão não terá a limonada; se não moer o trigo não terá a torta. Você precisa acabar com uma coisa para transformá-la em outra. Para construir necessita também de uma força que destrua. Se você não tiver coragem de destruir a árvore, não terá papel; não tendo papel, não faremos o livro; sem o livro você não registrará sua cultura.

– Então, temos a força de criação e a força de destruição causando a transformação.

– Bravo! A transformação é a combinação das duas utilizadas em diferentes níveis, dependendo do grau de desenvolvimento de cada um, da inteligência de cada um. O embrutecido resolve

sua questão (até de torcida de futebol) matando o outro. O menos embrutecido não vai matar ninguém; agride, mas não mata. O outro, num grau diferente, não bate com a mão, bate com as palavras, usa pressão psicológica, estimula a culpa.

Há muitas formas de usar a raiva. Podemos concentrar essa mesma força para transformar determinadas atitudes dentro de nós. Uma das fases da raiva é a coragem. É a mesma energia usada de forma diferente, mais ou menos como o petróleo e a gasolina; você não encontra a gasolina pronta na natureza. Para chegar a ela precisa transformar o petróleo; o petróleo é a matéria-prima da gasolina; a raiva é a matéria prima da coragem.

Se você desprezar o petróleo não terá gasolina, bem como se desprezar a raiva não terá coragem. É o que chamamos de raiva bem usada.

Quando eu preciso de força para me manter, para me levar para a frente, para enfrentar o trânsito, o vestibular, a doença do marido, qualquer obstáculo, a raiva é transformada em coragem:

"Eu vou!"

"Eu vou conseguir."

"Ninguém me detém!"

É a raiva produtiva. Você tira maior proveito dela, não prejudica ninguém, não causa nenhum dano e segue em frente.

Mesmo sem conhecimento do que fazia, eu tive um aluninho que usava a raiva com maestria. Ele foi criticado pela turma da natação: não tinha estilo, não coordenava bem os movimentos, e isso e aquilo; ficou com raiva dos comentários, encheu-se de coragem e treinou... treinou... treinou. Resultado? No campeonato da escola: medalha de ouro.

Ele ficou com raiva, mas não voltou essa energia para fora na direção do crítico; voltou-a para dentro, na transformação do seu desempenho esportivo. A despeito dos seus dez anos, já fazia o que muito adulto ainda desconhece.

Emoção é literalmente movimento, um movimento de energia, de força, sendo que a direção que essa força toma é escolhida por nós. Educá-la, transformá-la é nossa responsabilidade.

Habitualmente nos revoltamos porque desconhecemos a função da raiva em nossa vida, e através da revolta engatilhamos outros problemas. Se a natureza criou a raiva em nós, e se ela não erra, a raiva há de ter uma função nobre.

> *– Raiva, coragem? Raiva com função nobre?! Sempre aprendi que raiva era pecado.*
> *– Eu também, mas hoje me dou o direito de questionar tudo aquilo que me foi ensinado. No meu dicionário (um Léllo Universal) onde se lia: "Pecado, s. m. (lat.* peccatu*). Relig. Transgressão da lei divina: pecado venial, mortal. Pecado original o da desobediência de Adão e Eva no Paraíso, apenas remível pelo batismo (segundo a Igreja)" –, lê-se, em letras escritas a lápis no canto da página: s. m. (lat.* peccatu*) experiência.*

Se a natureza me criou com disposição de experimentar a vida, de sentir emoções, de sentir raiva, se a raiva é um pecado capital... Temos que tirar satisfações com a natureza. Se a raiva faz parte da minha natureza animal pode ser bem explorada, é a matéria-prima da minha coragem – e coragem é sinônimo de iniciativa, de firmeza, de valor, de energia diante do perigo, de intrepidez, de perseverança.

Alguma coisa está incoerente nesse raciocínio. Quando você combate forças naturais em você, você fica contra a natureza.

> *– É? De onde você inventou isso?*
> *– Eu não inventei, apenas observei, além do quê, você sabe que eu sou simpatizante do PLC – Partido da Liberdade de Crença, que apregoa: "É dada pelo universo a liberdade de crença.*

Cada um é livre para crer naquilo que tiver alcance segundo o seu nível de conhecimento e de sensibilidade". Amém!

– E a tal função nobre?

– A raiva é uma energia muito forte, que quer destruir aquilo que a pessoa vê como um obstáculo. Para vencer um obstáculo você precisa de coragem, de iniciativa, de firmeza. Sua função nobre é exatamente nos fornecer meios para enfrentarmos situações mais desafiadoras, mais difíceis, para que possamos transformá-las em viáveis. Quais são os seus desafios cotidianos, Alcli?

– Trânsito, chuva, enfrentar o mercado de trabalho, equilibrar o saldo bancário...

– Para outras pessoas é reconquistar a saúde, procurar um emprego, arrumar um namorado. Tenho uma cliente cujo desafio máximo é viajar de avião... Quantas pessoas não enfrentam uma simples barata... não enfrentam um regime alimentar... o que falta ao drogado é uma coragem férrea (firmeza) para sair do buraco onde se colocou.

Pense que não podemos viver sem a transformação, sem a destruição. Nosso corpo destrói o alimento e o transforma em sangue. O laboratório transforma raízes, folhas, frutos e sementes em medicamentos ou perfumes. A transformação faz parte do nosso dia a dia. A cozinha de nossa casa é um centro alquímico.

Ocorre que temos destruições ou transformações proveitosas que servem às nossas necessidades e temos transformações agressivas, violentas; quero mudar o comportamento do outro a pauladas, no tapa. Nesse caso, a força de transformação é usada de modo não produtivo, ou até tem alguma produtividade, mas também uma série de conseqüências desagradáveis.

Por exemplo: na entrada do refeitório da escola havia um cartaz: "Lanche de hoje: cachorro quente e suco de laranja." Isso caracteriza uma transformação produtiva do trigo, da carne, da laranja. Agora, no jornal do bairro a manchete: "Perueiros ateiam fogo em ônibus.", caracteriza uma transformação violenta de ônibus em cinzas. É a raiva, a força de transformação usada de uma forma não produtiva, mal orientada, a que chamamos agressividade.

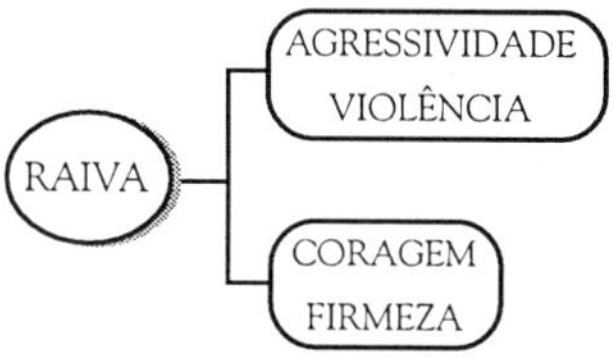

É a mesma energia tomando rumos diferentes. Se eu cancelar a raiz, cancelo o fruto. A agressividade é transformada em coragem e a violência é transformada em firmeza através da educação.

É a voz do professor que mora em mim, é a alma gritando forte pela educação do intelecto, da emoção, da educação dos instintos, das forças interiores. Não construímos um mundo melhor abrindo mão da educação.

Fica combinado que aqui interpretaremos a raiva como um mecanismo de defesa, como uma força de transformação, um meio de preservação da vida.

No meu dicionário raiva não é pecado, é uma força da natureza, portanto, divina, que é acessada quando nos sentimos invadidos por algum perigo, por alguma coisa que eu interpreto como ruim. Todas as vezes que alguma coisa afetar minha alma, meu ser, meu Eu, imediatamente desencadeio uma energia de combate, de defesa (porque só atacamos para nos defender).

Nosso corpo faz isso. Lembre-se que quando não sei algo, paro e observo a natureza. Sua maneira de agir deve ser a adequada. Da mesma maneira que quando entra uma partícula de espinho no meu dedo, o organismo reage através do sistema imunológico – nosso exército físico de defesa para combater qualquer invasor, qualquer coisa que possa me prejudicar –, o meu sistema imunológico está tentando me defender.

A raiva é um componente do meu sistema imunológico interior. Habitualmente as pessoas não se conhecem, não conhecem os mecanismos interiores, então costumam se ver nas outras.

Quando não olhamos para dentro, quando não nos conhecemos suficientemente a nós mesmos, é interessante observar como vamos reparar direitinho nas pessoas e nas coisas que têm a mesma coisa que nós temos, mas não vemos que temos. Parece que os atributos dos quais fugimos nos acompanham como sombras, através das outras pessoas, sobressaindo-se nelas.

Procure observar tudo aquilo que lhe causa raiva em relação ao outro, que lhe causa irritação, que o faz sentir a emoção, a energia vibrando dentro. É esse mesmo tipo de comportamento que você tem e não aceita ou nem percebeu que tem. Então a vida, sábia mestra, fica estampando a sua frente "o motivo" não conscientizado.

Quando não vemos aquilo em nós, aquilo fica muito grande no outro: aquilo que temos e não vemos. Tive uma cliente muito mandona, dizia com freqüência que não gostava da secretária da firma que trabalhava porque era uma pessoa muito autoritária. Uma se espelhava na outra.

Vamos atentar que a raiva que eu sinto é dirigida contra mim, e não contra o outro. Ele não sente a minha raiva, ele não tem uma corrente de neurônios ligados em mim. Ele nota, quanto nota, que eu estou sentindo raiva.

Quando você sente uma dor, a dor é sua. Quando você sente raiva, a raiva é sua, ela é um recado da sua alma para você mesmo.

> *– Qual recado?*
>
> *– Faça diferente. Transforme sua atitude diante da situação. É uma força para você agir diferentemente.*

Não fique com raiva porque a faxineira não veio. Providencie outro esquema; não fique com raiva porque o patrão chamou sua atenção pelo fato de você chegar atrasado. Compre um despertador; não se chateie porque seu filho não toca piano. Matricule-se no conservatório, afinal quem gosta de piano é você.

Toda vez que você sente raiva, irritação, é porque está agindo de uma forma que tolhe a própria essência, e ela grita: "procure uma outra forma de ver a situação". Só que não entendemos que esse recado é conosco, simplesmente o repassamos para o outro e ficamos parados na situação sem a percepção de que a raiva é para destruir, transformar, modificar a minha atitude que já não serve mais.

– Dá para exemplificar?
– Claro.

Há uma aluna que diz assim: "Detesto quando a vizinha vem bater um papo negativo, falar do preço alto, do dinheiro pouco..."

Como eu interpreto essa raiva: o "detesto" está me dizendo que aquela aluna sempre deixa que os sentimentos negativos do outro entrem no seu campo energético, na sua aura, na sua cabeça, no seu próprio pensar, e que a essência, o Ser, a alma dela estão odiando que ela deixe aqueles pensamentos negativos invadirem-na.

O recado da raiva não era para a vizinha calar a boca, o que também seria bom, mas para que a aluna não valorizasse a fala dela, não entrasse na energia de desvalor que a vizinha emanava.

A alma quer manifestar-se, quer trazer a essência para fora, mas para se manifestar precisa de nossa personalidade, das nossas crenças, nossos valores. A raiva veio para a aluna tomar a iniciativa de interromper aquele papo, para ter a coragem de conduzir a conversa por outro rumo, de comunicar à vizinha que ela (aluna) não aprecia aquelas idéias. A raiva veio para ser usada como coragem de expressar sua própria verdade, mas em nome de não ser indelicada, não dizia nada, não se afastava e ficava ali ouvindo com raiva. Ela própria se impedia de dizer o que pensava, impedia a expressão do seu querer, do seu pensar.

Quando tomamos uma atitude que nos é interiormente desfavorável, quando nos obrigamos a algo que não nos é condizente, a alma calada lá dentro grita através da raiva para que façamos uma reflexão: "procure outro caminho". Por outro lado, quando alimentamos idéias que são favoráveis a nossa expansão, nossa alma aceita aquilo, se expande, se harmoniza.

Seguindo esse raciocínio, a nossa raiva é exatamente uma queixa da nossa alma contra nós: aquilo que você não gosta no outro está fazendo consigo.

> *– Como assim? Se a vizinha só estava ouvindo?*
> *– Ela não gosta daquele bate que gira em torno de dificuldades e desvalores, mas é exatamente o que está fazendo consigo: se desvaloriza em fazer algo que não gosta, tem dificuldade em dizer o que pensa e chama a isso "não ser indelicada".*

A raiva vem para que a utilizemos como um meio de defesa, e não é tão cedo que ficaremos livres dela. Precisamos entendê-la e saber que ela está em nós para fornecer energia, iniciativa, coragem para tomarmos uma providência a respeito daquele assunto.

> *– Mas tudo isso por causa de um bate-papo negativo?*
> *– Alcli, eu só exemplifiquei o processo. Aprenda a observar esses processo, o motivo é o que menos importa.*

Existem pessoas que ficam com raiva do calor, do frio, outros se irritam com a chuva, com o latido do cão do vizinho.

Não vou me deter no motivo da raiva, mas no processo que o aluno está vivendo por causa da emoção sentida. Como é que ele vai lidar com a emoção? Vai ficar segurando aquilo? Como vai administrar esse processo? Afinal, ele é o rei no seu reino emocional.

Quando entendemos a função da raiva como uma força natural, não como um pecado, quando tomamos algumas providências com relação a isso, logo passamos a nos acalmar, porque vamos utilizar aquele pacote de energia cuidando daquilo que é preciso reavaliar dentro de nós. Vamos buscar novas saídas, ficando com o lucro de nos conhecermos melhor, de tirarmos uma aprendizagem da situação e, principalmente, com o fruto da aprendizagem. Não precisamos mais passar tão densamente por situações tão desgastantes que a raiva provoca quando não sabemos usá-la – porque não usada e reproduzida novamente vai se acumulando em nosso organismo.

Quando ultrapassamos um limite de tolerância desse acúmulo da energia de transformação que é a raiva, sem que venhamos a utilizá-la, formamos um campo magnético destrutivo no nosso corpo astral com capacidade de desorganização na matéria física. A raiva vem, você não usa; a raiva vem, você não se transforma; a raiva vem, você não se renova, extrapola o limite.

Quando estamos com nosso limite quase cheio e a alma aciona mais uma vez a raiva, dizemos "passou dos limites", mas fomos nós que esperamos chegar ao limite máximo. Antes da gasolina acabar acende-se uma luzinha no painel do carro para avisar. Antes de chegar no limite já percebemos que aquilo não está indo bem, mas ficamos esperando até...

Não tomamos consciência e o processo vai se repetindo, repetindo...

E o estado de raiva vai se mantendo constantemente, porque nos acalmamos por cima, mas por baixo o vulcão continua; aquela energia destrutiva continua vibrando sob o horizonte da percepção, vibrando dentro de nós. Lembramos que a matéria física não passa de energia condensada, e aqueles núcleos energéticos continuam atuando internamente, desorganizando nosso sistema, provocando o que conhecemos como doença. A doença é um aviso da alma, é ela gritando: aqui na parte interna está uma bagunça, ponha ordem nisto.

À medida que vamos conhecendo nossos mecanismos internos, também conquistamos domínio sobre eles, vamos compreendendo suas causas e começamos a nos livrar delas. E, por tabela, ganhamos um quinhão maior de qualidade de vida, temos mais chances de provocar a felicidade em nossa vida, de afastar doenças. E não falo apenas de doenças físicas, mas também de problemas emocionais: tristeza, angústia, ansiedade, depressão, daquilo que leva o rótulo de "problemas psicológicos", mas que rotulados ou não, são estados interiores que se referem ao mau uso de nossas emoções, um cerceamento de nossa alma.

Quando nossa energia, de qualquer campo, flui bem, é como um rio que segue seu curso; bloquear o rio gera desastre nas margens. Quando temos uma personalidade que facilita a compreensão, a expansão da alma, temos o sentimento de alegria, de prazer, de bondade, de gostar, temos sentimentos que consideramos agradáveis, vontade de viver, criatividade.

Toda vez que agimos contra nossa natureza, toda vez que cerceamos a expressão de nossa alma, daquilo que é verdadeiro em nós, rumamos pela estrada da repressão que leva à angústia ou à infelicidade.

Estamos indo contra nós e muitas vezes até bem intencionados na nossa forma de pensar, mas estamos fazendo algo que não funciona direito na vida, porque sentimos que não estamos confortáveis interiormente com a situação. Não é porque estamos cheios de boas intenções que estamos fazendo o melhor por nós mesmos. Temos bastante a aprender.

Nossa emoção, seja qual for, raiva ou medo, traz uma sensação forte acompanhada de uma reação no corpo (motora), geralmente intensa. Observe seu corpo quando você leva um grande susto: A respiração se altera, o coração acelera o ritmo, o sangue circula também de forma mais rápida, as supra-renais lançam mais hormônio no sangue.

Nossa emoção é um programa íntimo de nossa natureza animal que possui uma intensa carga energética, que atinge o corpo humano por inteiro. Atua na aura e energiza a mente. A consciência que mora nas bandas mais do animal é facilmente levada, conduzida pelas emoções. Não é assim que os bichos fazem? A consciência que se esforça por viver mais no campo mental troca as emoções por sentimentos.

– Pensei que emoções e sentimentos fossem a mesma coisa.
– Não são, pelo menos não do ponto de vista da energia, da vibração.

A emoção tem um nível vibratório mais denso e de duração mais curta. O sentimento tem um nível vibratório mais sutil e de duração mais longa. Raiva dá e passa. Você não fica raivoso o tempo todo, o seu corpo não agüenta o choque contínuo. O sentimento é mais duradouro e não causa choque. Você gosta do seu filho (é contínuo e suave), mas ficou com raiva quando ele quebrou seu vaso de porcelana, que veio da China e custou um dinheirão. Você ficou com raiva naquela hora ou você se chateou naquela hora. Agora já passou a raiva, mas você continua gostando do seu moleque iconoclasta. O sentimento é mais duradouro, não é ímpeto, é mais constante.

– Dessa forma, entendi que raiva é uma emoção e amor é um sentimento.
– Perfeito!

Quando o campo de abrangência da consciência vai ganhando mais espaço no campo mental, vamos aprendendo que as emoções são educáveis de acordo com nossos valores e nossa inteligência. E passamos a transitar mais na área dos sentimentos:

• alegria;
• amizade;
• compreensão;
• compaixão;
v fraternidade;

- harmonia;
- serenidade;
- ternura;
- bem-querer.

As emoções vêm dos impulsos básicos. Os sentimentos vêm do coração, da alma. As ações praticadas sob o domínio apenas emocional são mais animalizadas, e as ditadas pelos sentimentos são mais humanizadas.

A vida no animal se expressa quase só pela emoção (fome, frio, medo). Já no humano a expressão vem mesclada com a inteligência. O desafio da época que se inicia é educar a emoção. Falei educar, não reprimir: ninguém educa material reprimido.

> – *O que se usa para educar a emoção?*
> – *A inteligência é o recurso de que dispomos. A questão não está na emocionalidade, mas na adequação da sua manifestação, naquilo que eu faço com ela.*

Na escola, era muito comum a manifestação dos alunos na hora do recreio. No meio da brincadeira saía um empurrão, um tapa... Quando voltávamos para a classe, procurávamos uma solução mais inteligente para os safanões, pois era norma na escola que os guerreiros necessitam de um tempo para reflexão, e esse tempo era justamente o horário de recreio.

Quando meus filhos eram pequenos, como parte do processo educacional deles e meu, vez por outra fazíamos um "conselho tribal" . Era assim chamada uma reunião que fazíamos, onde todos tinham direito a uma fala livre durante quatro minutos.

Obedecíamos regras propostas pelo grupo:

- respeitar a vez do outro falar;
- não interromper;

• apresentar soluções.

Gradualmente fomos educando nossos impulsos.

No primeiro "conselho tribal", os índios todos foram convidados – pai, mãe e os quatro filhos. O pai não aceitou o convite.

Fui com os quatro para a sala de almoço e sentamo-nos ao redor da mesa redonda. Todos viam todos.

A primeira recomendação: vamos falar a nossa verdade. Eu acho que a palavra verdade foi entendida como sinônimo de queixas, azedumes e reclamações.

Cada um, nos seus quatro minutos, queixou-se do que quis:

"Ele pegou o meu carrinho e não quer devolver..."

"É porque ele já tinha pego..."

De juiz, ou melhor, de pajé, eu estrilava: "Respeite os minutos de seu irmão, aguarde sua vez de falar".

E fui repetindo a mesma fala quando um interrompia a fala do outro: "Respeite... Respeite".

Eles se queixaram de tudo, inclusive de mim:

"Mãe, você não fez..."

"Mãe, você falou..."

E para cumprir as regras do jogo, visto que eu também estava aprendendo a ouvir o outro, tive que permanecer em silêncio.

Quando queixaram-se do pai que estava na sala ao lado, ele se levantou e veio defender-se. Foi banido, porque quem não quis participar não tinha direito a fala.

Ao final do encontro, cada um apresentava solução para aquilo que tinha ouvido. Os "conselhos" seguintes foram ficando mais conselhos e menos tribais.

Aos poucos, fomos juntos aprendendo a educar nossas emoções, a ouvir o outro, a respeitar sua opinião, a apresentar soluções.

Fomos no exercício nosso de cada dia observando, ponderando, experimentando e selecionando: o que é satisfatório continuo aplicando, o que não é, abandono.

Usando a inteligência para escolher, a voz para expressar, lentamente fomos trazendo à tona o que éramos, à medida que nos expúnhamos, conhecíamos mais a nós e ao outro. Boa vontade, persistência, diálogo e um pouco de técnica não fazem mal a ninguém.

– E onde entra a mediunidade nisso?
– A característica básica da mediunidade é uma percepção mais aguçada, uma sensibilidade mais ampla do mundo energético. Recorde-se que sentimento é uma fonte de energia, que emoção é energia.

A mediunidade dá a você a possibilidade de fazer contato com a energia do sentimento ou da emoção do outro encarnado, do outro desencarnado.

Não é nada difícil acontecer essa contaminação. Um motorista leva uma fechada, perde a pouca paciência que tem e grita, xingando. Daí a mais dez minutos o fato se repete. Ele continua seu caminho "trincando de raiva", chega em casa de maus bofes. Dez minutos depois de sua chegada, já conseguiu acabar com o sossego da casa.

– Perceber a raiva do motorista é fácil. Ele já chega dando mostras, indelicadezas, gritos e impaciência. Não é preciso mediunidade para notar isso.
– Estou começando da situação mais concreta, bem visível.

Numa outra situação, o motorista é mais "controlado", disfarça o que sente. Usa o seu carro, camufla seu comércio de drogas. Fazendo a entrega da "mercadoria" dentro do veículo sente-se mais seguro.

Lá dentro de si ele sabe que corre riscos, e isso o deixa intranqüilo. Carrega uma arma sob a camisa solta, bem como alguma munição debaixo do banco. Dentro de si a sensação é de insegurança constante. Fora, procura manter uma aparência digna, discreta; mas a emoção que ele espalha ao seu redor através da sua aura é aquilo que ele está sentindo.

Ele espalha essa insegurança no ar, e quem tem *feeling*, percepção fina para esse tipo de energia que ele espalha, percebe, capta.

Tenho um amigo investigador que não tem a menor noção de mediunidade, de campo energético, etc. Mas quando se vê diante de um contraventor comenta: "eu já senti o cheiro, agora é só buscar as provas". Ele tem "faro" para essas coisas. E usa esse faro profissionalmente.

Quem não tem esse tipo de *feeling* não percebe. Outros percebem, mas não dão a menor bola, até que um fato ou outro lhes chama a atenção. É quando surge aquele comentário: "Bem que eu sentia alguma coisa estranha no ar, eu achava o sr. Fulano meio esquisito. Não sabia o que era, mas eu sentia que as coisas não estavam harmônicas".

Pessoalmente eu já vivi muito disso. Quando meu filho número dois nasceu, eu permanecia com o pimpolho nos braços, embevecida, chamando-o de "meu pequeno Einstein". Gostava de tê-lo junto ao meu corpo, embalando, ninando, cantarolando. Coisa de mãe apaixonada pela sua cria. Mas o tempo de licença para amamentação passava e era hora de voltar para a atividade profissional. Era preciso tomar algumas providências de ordem prática.

Quem fica com o bebê? Lá veio a babá com referências, indicação, etc.

A babá passou uma semana em casa e, no final da semana, indagou: "Dona Aparecida, faz uma semana que eu estou aqui e ainda não peguei o bebê".

Era verdade. Eu solicitara que ela comprasse pão, lavasse as roupinhas, que fosse até a farmácia, limpasse o quarto dele... mas tocá-lo, não permitira até então. Lá comigo mesma eu não queria que ela se envolvesse diretamente com o bebê, sem que tivesse nenhuma justificativa plausível para isso; eu não sabia intelectualmente por quê.

Mesmo sem grandes explicações e precisando de uma auxiliar, dispensei-a. Como não havia nenhum motivo que não fosse a minha cisma, aleguei qualquer razão. Quando a vi indo embora senti um grande alívio.

Passado um mês do fato, a babá recomendada apareceu na coluna policial do jornal por rapto de recém-nascido. Passei a valorizar as minhas "cismas".

> *– Nesse caso, o notar não era tão visível diante dos olhos.*
>
> *– Era "sentível" em termos energéticos. A isso chamamos premonição; um acautelar-se antecipadamente, precaver-se.*

Em outras ocasiões, tive outras premonições que foram de grande valia. É como se houvesse um recado energético no ar e eu pudesse ouvi-lo. Não sou audiente, apenas sinto o recado, sinto a informação. É alguma coisa como entrar no campo informacional do outro em algumas situações.

E há ainda o caso de você entrar em contato com o campo emocional não de uma pessoa viva, mas de alguém que já morreu, e sentir as emoções dele. É mais comum do que se imagina. Assim como você entra num processo de contaminação energética do encarnado, pode entrar no do desencarnado, sentindo uma raiva que não é sua, ou uma angústia que não lhe pertence. E como sente a angústia em si, diz: "estou com um aperto no peito". Quando indagamos a causa, a resposta é: "não sei".

Fazer a distinção entre o próprio sentir e a captação do sentir alheio é importante para o médium, pois evita muitos dissabores.

Ana Carolina | B | C

Idade: 36 anos
Profissão: administradora
Escolaridade: superior
Situação: mudança brusca de estado emocional; tristeza sem causa conhecida.

Ana faz uma captação de emoção: o seu próprio campo astral faz contato com o campo astral de outra pessoa sem que ela tenha consciência do fato.

> *– Como pode?*
> *– O coração do bebê pulsa, o sangue circula, o pulmão respira automaticamente sem que o bebê tenha consciência disso.*
> *– Claro, é um bebê!*
> *– Diga-me, moço: quantas vezes você respirou hoje? Que quantidade dos diferentes tipos de hormônio seu sistema glandular produziu? Quantas células tem seu coração? Qual o número de vezes que ele já pulsou hoje?*
> *– É...*

Há processos físicos, emocionais, mentais ocorrendo simultaneamente dentro e fora do nosso espaço de percepção, ou seja, da nossa consciência. Ana Carolina chegou à clínica vivendo um processo, um transe inconsciente. Desconhecendo os mecanismos que regem o fenômeno, ficava à mercê deles, sentindo-se sem posse de parte de si mesma; não bastando, passou a ter medo (da não-posse) e narrou o fato aos seus familiares, que muitíssimo bem-intencionados, mas ignorantes do mundo do sexto sentido, encaminharam-na rapidinho para o setor de psiquiatria do convênio médico-hospitalar.

Ana, que já carregava o processo mediúnico, o medo do processo, as próprias dúvidas, passou a carregar também:

- a preocupação dos familiares;
- o diagnóstico do psiquiatra;
- uma medicação vendida sob controle;
- um medo novo: estou ficando louca?

Agora Ana carrega consigo novas preocupações, mais remédios e um sentimento de culpa por tirar a paz da família.

Está armado um cenário mais atulhado que o da Fórmula 1 em dia de Grande Prêmio.

Não era uma situação mediúnica de grande monta, mas as conseqüências de não saber lidar com o problema, estas sim estavam tomando o rumo dramático da patologia.

> *– E o que aconteceu?*
> *– Uma boa dose de resgate de auto-estima, conhecimento do próprio processo, atuação no campo áurico de Ana, noções básicas de mediunidade, integração com o grupo de estudos da clarividência.*
> *– Isso é demorado?*
> *– Depende do ritmo de cada um. Do ritmo de compreensão, de "metabolização".*

Tudo é muito individualizado, cada situação é única, tanto quanto cada aluno é único. Sem perder de vista que vamos esbarrar com ranhuras na sua personalidade:

- sentimento de desvalorização;
- extrema passividade;
- crenças em dificuldades extremas (dramatização das situações);
- desenvolvimento da identidade pessoal.

São exatamente as ranhuras na personalidade que ocasionam o "desajuste mediúnico", pois, como já vimos, o desajuste não está localizado na mediunidade, mas na personalidade. Sentir ou não sentir medo está na personalidade do ser, não na mediunidade.

Há uma integração personalidade–mediunidade. E, importante: Ninguém ajusta a mediunidade de ninguém. O ajuste está na personalidade, e quem "ajusta" não é o orientador do centro espírita, não é o pai de santo, o psicólogo. É a própria pessoa.

– E o que faz todo aquele povo citado?
– Só dá informação, orientação.

Usar ou não essa orientação é opcional. Nunca podemos marcar no relógio ou no calendário quanto tempo cada um vai levar para resgatar a confiança em si mesmo. Posso oferecer ajuda, boa vontade, conhecimento. Aceitá-la ou não é decisão de cada um.

Utilizá-la é mais que aceitá-la. Participar do grupo de estudo, do laboratório de vidência foi muito bom para Ana Carolina. Eu apenas convidei. Ela aceitou, veio e participou.

É preciso participar ativamente do processo de evolução. A atitude de participar faz parte da personalidade e não da mediunidade de Ana Carolina.

Estar em grupo, ouvir cada fala, notar que outras pessoas também têm uma percepção (clarividência) a mais e vivem perfeitamente ajustadas com o emprego, com a família, tornou-a mais tranqüila. Deixou de acreditar que estava ficando louca. Observar, estudar e conviver com o grupo lhe fez um grande bem.

No decorrer dos encontros, Ana foi notando que o mesmo fenômeno, a vidência, ocorre de modo diferenciado para cada um. Nem todo médium vê a mesma coisa. O grupo reunia diferentes pessoas com diferentes tipos de vidência.

– Pensei que fosse tudo igual. Que todos vissem a mesma coisa.
– Não! Pare na porta de um teatro e, ao final do espetáculo, peça a interpretação de alguns espectadores. Todos assistiram ao mesmo espetáculo. Cada um o percebe de forma diferenciada. Nin-

guém viu o espetáculo da mesma forma que o outro. Com a vidência é a mesma coisa, só que de forma mais ampla.

– Por quê?

– Porque o espetáculo teatral acontece numa só dimensão. E a clarividência não.

A clarividência, que quer dizer ver com clareza, ver claro, abrange um grande número de fenômenos em diferentes dimensões. É uma questão de freqüência vibratória.

Existe um grande número de vibrações, quer acima ou abaixo daquilo que nos é visível, a que chamamos luz. Nossa retina física pode ser estimulada por uma pequena faixa desse oceano de vibrações.

De tudo aquilo que o homem já conseguiu mensurar no universo, a vista humana atinge uma pequena parte. De posse do sexto sentido ele pode ver um pouco mais. Nem todos vão despertar ao mesmo tempo, nem da mesma forma. Vamos deixando sempre muito claro que individualidade conta sempre.

Há aquelas pessoas que controlam, mantêm sob seu domínio a capacidade de clarividência. Na faixa vibratória que conseguem captar, outras só conseguem o fenômeno em transe, sem deter o controle sobre a vidência, o que equivale dizer que alguns vêem quando querem, outros quando podem. Eu estou no segundo grupo.

Outro item a considerar: cada médium vê com percepção diferente, com decodificação diferente, sendo que temos, com freqüência, alunos cuja capacidade de ver o astral varia de uma ocasião para outra.

Em mais de trinta anos acompanhando turmas que estudam mediunidade, observamos relatos interessantes:

Visão Física

O médium vê um objeto qualquer, um guarda-roupa, como se fosse de vidro, como quem vê um aquário. Outros relatam que observam como se tivessem mais olhos e pudessem ver simultaneamente todas as faces do dado; ver através da parede o que está próximo, na outra sala; ver à distância pessoas ou coisas; ver através da terra um lençol d'água, um objeto enterrado, se não estiver muito fundo.

Tivemos um aluno cuja vidência era curiosíssima. Ele via os órgãos internos da pessoa em funcionamento, às vezes o coração ou o pulmão... Se ele fosse médico poderia dispensar o raio-X. Era engenheiro.

Vidência Etérica

Tive um professor de Biologia (USP) que via e convivia em paz com os gnomos de sua fazenda. Às vezes, durante suas aulas, quando indagado, nos descrevia a aparência, o tamanho deles. O relato de ver fadas é mais comum, já sílfos ou salamandras, mais raros. Na vidência de seres de outra dimensão, é comum a descrição dos ETs com auras coloridas ou não. Alguns vêem a aura das plantas, outros vêem a aura dos bichos, outros vêem a aura das pessoas.

A aura é um halo energético que envolve cada ser.

Vidência Astral

O médium vê os desejos do outro. Alguns vêem como cores, outros vêem como formas coloridas. Ver a emoção do outro como cor, como forma e cor, ver a tendência do outro é a vidência astral.

Tive uma aluna que por várias vezes viu o desejo do palestrante, que devorava com os olhos uma jovem belíssima que o assistia. Contou-nos ela que do corpo do palestrante saíam labaredas, raios (ou algo semelhante) de coloração avermelhada muito intensa que partiam na direção da moça bonita, procurando envolvê-la.

A moça bonita não registrou o "assédio energético".

Em outras ocasiões, quando esse "assédio energético" era endereçado à própria aluna, ela sentia como que um choque no corpo, uma sensação irritante, desagradável, que a perturbava.

Como nunca faço críticas aos meus alunos ou clientes, eles se sentem bastante à vontade para seus relatos.

Helene | I | J

IDADE: 47 anos
PROFISSÃO: do lar
ESCOLARIDADE: superior
SITUAÇÃO: acorda sempre à mesma hora, com vidência e materialização.

"À mesma hora". Essa história de hora marcada precisa ser verificada. Por que hora marcada? Por que de madrugada? Por que no quarto e não na cozinha? Freud explica.

Helene acordava perto das três da madrugada, a porta do quarto se entreabria e lá vinha um minhocão viscoso se arrastando em direção a sua cama.

Você já pode imaginar a terrível sensação de medo que Helene experimentou ao ver um imenso minhocão cinza gosmento se aproximando.

Helene levantou-se, acendeu a luz, rezou, rezou. Não dormiu mais. Passou o dia seguinte amedrontada, com medo que a noite chegasse. E como tinha que acontecer, a noite chegou. Helene se recolheu, rezou... adormeceu.

Perto das três horas acordou, a porta do quarto se entreabriu e, sabe quem vinha se arrastando? Ele, o minhocão cinza gosmento. Começou tudo de novo... O fato foi se repetindo noite após noite.

Exaustão, medo, estresse é pouco para descrever em que estado ela chegou ao laboratório de mediunidade. Àquela altura o minhocão estava mais ousado, não apenas se dirigia para a cama, como também já estava subindo nela. Helene narrou que o contato com o minhoco era horrível. Ele era frio e onde encostava paralisava. Ela sentiu seus pés e pernas paralisados ao contato com ele.

Isto é típico da materialização. A pessoa não precisa ter vidência, ela vê porque o ser se materializa e também é visto por quantos estiverem presentes. Helene morava sozinha.

Então, se não havia mais ninguém, ela deve ser uma médium de efeitos físicos, com uma grande quantidade de ectoplasma, que era usada pelo minhoco para seu "efeito especial" de materialização.

Helene nem sabia o que era ectoplasma e muito menos que o minhoco o utilizava para materializar-se aos olhos dela.

Aos poucos foi sendo orientada quanto à mediunidade, à materialização, ectoplasma.

> *– E a personalidade, onde ficou?*
>
> *– Repressão sexual. Ela não vivia sua cota necessária de sexualidade. O represamento de qualquer energia intensifica-a. É como um rio; represe o rio e veja o que acontece com a água. Extravasa, sai do leito. No represamento a força da água cresce. Aprender a trabalhar com a*

própria libido fez parte do laboratório de Helene. Até que aprendeu a controlar a sua situação.

– Que mais fez parte do laboratório de Helene?

Além de conhecimento sobre seu tipo específico de mediunidade, fez parte do laboratório:

- trabalhar sobre preconceito sexual;
- lidar com a libido;
- as necessidades de cada um;
- a captação energética do minhoco por outros médiuns;
- a doutrinação.

A doutrinação aprendida no centro cardecista, na clínica, toma uma feição terapêutica, onde se leva muito em conta o choque energético que a entidade que se manifesta como um obsessor sofre ao fazer contato com outro médium encarnado que não Helene.

A energia dele é "quebrada" pelo choque provocado pela energia do médium. É como se ele estivesse sob o efeito de uma hipnose, que se rompe com a "incorporação". Imagine uma janela que leva uma pedrada. O vidro se quebra e o buraco que fica permite entrar uma lufada de vento, arejando o ambiente.

Quando fiz alusão a Freud, não estava brincando. A projeção dela nos seus fantasmas, quer fossem minhocos, cobras ou lagartos, mostram com clareza um material (emoção básica) reprimido.

Helene chegou trazendo no tom da sua voz, nas entrelinhas do seu contexto, o retrato em cores fortes da ausência de auto-aceitação.

Era preciso arrancar suas tomadas (fixadas na personalidade) de "não sou boa o bastante", "sou inadequada", os sentimentos de culpa, inferioridade, para que seus fantasmas não tivessem mais onde fixar seus plugs.

Uma necessidade básica, quando frustrada, leva ao sofrimento, porque não podemos reprimir a necessidade, apenas sufocamos a expressão dela.

Retire a sujeira, o represamento do rio, deixe que ele siga seu fluxo natural, dado pela própria natureza (eu disse fluxo natural, não disse parâmetros ditados), que a água volta a correr no leito, recobrando seu espaço.

Quem chegou ao grupo com medo por pensar ter visto um vulto no corredor, diante do estudo do caso de Helene passou a fazer outras considerações sobre o assunto, e sobre o medo.

Vidência Mental

Há médiuns que vêem as imagens do pensamento do outro. Testes feitos em nossos laboratórios demonstram essa modalidade de vidência.

Jonas não tinha sob seu controle esse tipo de vidência, ocorria quando ocorria, sem prévio aviso, e não conseguimos notar o que disparava a ocorrência. Às vezes, durante nossos encontros, ele dizia: "estou vendo o que Clarice está pensando; ela está planejando o que fará quando sair daqui..., ou o que quer comprar...". Ele percebia enquanto durava o pensamento. Propositadamente, solicitávamos que ela mudasse o objeto do pensamento para verificar se ele conseguia "observar" a mudança, acompanhá-la. Ele conseguia durante um curto espaço de tempo: "agora ela está pensando num menino pequeno de cabelos loiros encaracolados". Era no filho que estava pensando.

Tínhamos outra aluna, cujo nome não me recordo mais, que via, às vezes, os "acompanhantes" de outros participantes da reunião. Ela chegava sempre antes do início da reunião e se sentava na sala de aula. Numa noite qualquer, chegou uma moça atrasada. Quando a atrasada entrou, a aluna disse: "Entraram duas pessoas, a moça e um acompanhante que parece ser um esportista alto, forte, de físico modelado e luzidio, veste apenas um calção, tem o peito nu".

Cada um encontrou uma explicação. Inclusive a moça acompanhada: "Eu li um romance esta tarde, cujo herói era um esportista, alto, forte, como esse..." e o imaginei com toda a força que eu era capaz.

> *– Vá imaginar assim lá longe!*
> *– Saiba, Alcli, que a imaginação é um potencial explorado inconscientemente pelas pessoas.*

Estudar suas funções é de extrema valia para quem se aventura a conhecer-se, a andar pelo labirinto da psique humana, uma vez que ela atua em diferentes níveis:

- sensação;
- sentimento;
- pensamento.

Há vários tipos, como imagens visuais, imaginação auditiva, imaginação cinestésica, etc. Estudar seus fundamentos, finalidades, uso, técnicas é fascinante. Guarde um lembrete: quando a vontade e a imaginação entram em conflito, a imaginação vence, mas quando caminham juntas, quando somam esforços, formam um dupla poderosíssima.

> *– Ver o pensamento do outro é muito louco!*
> *– Por isso os médiuns são tidos pela Psiquiatria convencional como loucos, perturbados mentais mais ou menos pacíficos.*

De fato, fica muito difícil para quem não tem a vivência do fenômeno mediúnico compreender o que seja. Imagine explicar cor para o cego, ou som para o surdo; é o mesmo que explicar sexto sentido para quem se utiliza apenas de cinco conscientemente. Ninguém convence ninguém a nada, a própria pessoa se convence. Eu não tenho clarividência (ver claro através do sexto sentido), tenho "vidência mental".

Não é um ver de perceber imagem, mas de sentir a imagem. Eu não vejo através do sexto sentido uma entidade na sala, sinto sua presença. Não "vejo" que ela quer falar, sinto que ela quer falar. Se eu ficar quieta, atenta, de olhos fechados, não vejo nada; sinto... Pense que o cego não vê o objeto, apenas o sente através do toque. Eu sinto sem toque, registro no "radar" mediúnico uma sensação.

Ainda há vidência no tempo, caracterizada pela visão de fatos passados.

Voltando de um período de férias, em visita a uma fazenda no interior do estado onde outrora viveram escravos, um aluno descreveu cenas ocorridas com os escravos há décadas naquele lugar. É alguma coisa próxima a uma visita ao museu da imagem, só que com imagem etérica.

Em vidência no tempo entram as vidências de futuro em diferentes níveis, desde a vidência clara até rápidos vislumbres involuntários e imperfeitíssimos na decodificação.

> *– E como se manifesta a clarividência?*
> *– Não há regras. Cada pessoa é única, cada processo mediúnico é único também; a experiência não se repete no outro.*

Ver o campo etérico, o campo astral, o campo mental depende do alcance vibratório, pois cada um desses campos é uma diferente freqüência vibratória.

Às vezes estou dando aula e vejo uma "fumacinha pulsante" ao redor da cabeça de algum aluno. Há alguns alunos que enxergam os chacras das pessoas.

> *– Chacras?*
> *– Pontos de passagem da energia de um campo para outro.*
> *– Ah!*

Tenho um amigo espiritual que relata que, mesmo vivendo no mundo astral, ele não pode ver tudo. Não vê, por exemplo, o campo emocional das pessoas encarnadas. Lá no astral há também vasta classificação de vidência, cada um vê até onde pode.

Captações de Vibrações Mentais

> *– Já sei. Perceber a vibração da mente; da própria e da do outro.*
> *– Se você pode observar a mente é porque vai além dela; é aquele que observa; é a consciência que a observa.*

A consciência pode se identificar mais com cada um dos vários níveis do ser.

- Nível físico: "sou grande, tenho músculos vigorosos".
- Nível emocional: "sou nervoso", " tenho pavio curto".
- Nível mental: "o homem é aquilo que pensa".
- Nível espiritual: "eu e o Pai somos um".

É sempre recomendável lembrar que separamos as partes para estudar, mas que em termos funcionais é tudo junto, como um copo de limonada (limão, açúcar, água).

O esportista faz treinamentos horas seguidas para manter-se em forma para o jogo, o que não quer dizer que ele atua apenas em nível físico. O professor de Filosofia estuda, pensa, prepara aulas, há predomínio da atividade intelectual.

O musicista tem seu maior tempo voltado para a arte, o que não o impede de apreciar o esporte ou ler um livro de Filosofia.

Em cada um deles a mente está atuando segundo seus valores e crenças, está mais voltada para um aspecto. Quando falamos de vibrações mentais, estamos nos referindo a ondas vibratórias geradas por estímulos mentais.

Sem esquecer que o corpo é a parte adensada da mente (o copo de limonada). Quando falamos em imagens que curam, estamos falando da relação corpo-mente, do poder da imagem mental na ajuda da cura até do corpo.

A linguagem das imagens é usada freqüentemente no sonho, nas fantasias, nas terapias, na arte, no tarô.

O inconsciente se expressa por imagens nos sonhos, nas fantasias, mas o mundo mental vai muito além. Vamos combinar que a mente é a pedra fundamental, que é a partir dela que as coisas acontecem. Ela é uma central geradora. Pense até onde chega nosso conhecimento, nossa casa, nosso bairro, nossa cidade.

Cidade: São Paulo	**Estado:** São Paulo
País: Brasil	**Continente:** América
Planeta: Terra	**Sistema:** Solar
Galáxia: Via Láctea	

Moramos na periferia da nossa galáxia. Temos centenas de galáxias conhecidas, outro tanto de desconhecidas. Laboratórios espaciais nos dão notícias constantes do descobrimento de uma nova galáxia. Gente, o universo é muuuuuuittto grandddeeeeee!!!!!

Sob a orientação de que mente, de que inteligência os átomos se agregam? Quem organizou a natureza? Se por trás de toda a criação há uma mente, imagine o tamanho, o potencial dessa mente. É aquilo que chamamos de uma senhora mente, a mente divina, a mente infinita.

Quando penso na mente do Absoluto, um sentimento de encantamento me invade. É quase um sentimento de irrealidade. Sinto-me como uma microscópica célula falando ao organismo todo.

Ao mesmo tempo em que a célula é tão diminuta, o corpo tão grande, ela é parte integrante dele. Ela trabalha para nutri-lo e ele a mantém. Há entre a célula e o corpo uma relação simplesmente vital.

A célula não vive fora dele, e o corpo não pode dispensar o conjunto celular, porque não há corpo sem células.

É a lei do Uno, é assim que eu compreendo o "em Deus nos movemos e existimos" de Paulo de Tarso.

E nos unificamos ao todo através da mente.

– Você entende que sua mente é ligada às outras mentes? Até à mente divina?
– Mais que isso, Alcli, entendo que a mente é única. Que há uma só mente.
– Eu até gosto de conversar com você, mas está começando a ficar difícil. Mente única?
– Mente única!!!
– Mas meu primo tem umas idéias de jerico, o vizinho da escola fez um assalto, e eu faço parte da mente única junto com eles? Claro que não!
– Alcli, experimentamos a mente como experimentamos os sentimentos. A cada experimento ampliamos nossa consciência. Até hoje ninguém viu a mente para saber se ela tem limites, ninguém percebeu os limites da mente. A Psicologia, em seus estudos, afirma que existe uma vasta região na mente à qual não temos acesso com facilidade, mas pelos efeitos que nos causa, sabemos que existe: o inconsciente.
– Onde começa o inconsciente?
– Há estudos interessantíssimos de Carl Gustav Jung demonstrando uma região do inconsciente chamada de inconsciente coletivo.
– Inconsciente coletivo?
– É uma parte que não tem identidade própria, mas que está em todas as pessoas, uma espécie de denominador comum.
– Que raciocínio ele fez para chegar a essa conclusão?
– Ele analisou, pesquisou diferentes culturas e notou que havia elementos psicológicos comuns que apareciam na cultura da América, da África ou de outra região, em diferentes períodos da História, sendo que tais elementos apareciam com os mesmos símbolos, as mesmas expressões, sem que as culturas tivessem tido o menor contato. Ele percebeu que a nossa mente

abriga em si elementos comuns, que ele chamou de arquétipo.

– Arquétipo? Nem sabia que isso existia.

– Pois é, existe. São idéias elementares, idéias "de base".

– É melhor explicar.

Todos nascemos com uma tendência a formar certas idéias. Há uma tendência universal para formar uma idéia de mãe, de alma ou de divindade.

Um passeio pelos jardins do conhecimento não fará mal a ninguém: os Vedas falam de Brahma; o Gita nos apresenta Krishna; os essêncios nos arremetem a Cristo; os indígenas a Tupã e Jaci; Isis e Osíris são destaques da mitologia egípcia. São as várias versões sobre o mesmo tema, e a "idéia básica" é a divindade.

POVO AFRICANO: IEMANJÁ	POVO EUROPEU: NOSSA SENHORA	POVO GREGO: GAIA

– Você consegue identificar a idéia básica? Qual é o arquétipo?

– A grande mãe, a mãe universal, a grande doadora da vida.

– Gosto de gente inteligente. Agora você está brilhante.

– Ora...

Esses elementos comuns a todas as culturas constituem o primeiro passo para compreender que a mente é única, que é uma só, universal, coletiva. Estamos todos mergulhados na mesma mente, como peixes num oceano. Não existe a minha mente ou a sua mente. Existe a mente. Somos consciências, individualidades com uma base comum.

Para exemplificar, vejamos a seguinte ilustração: Cada ilha representa cada um de nós.

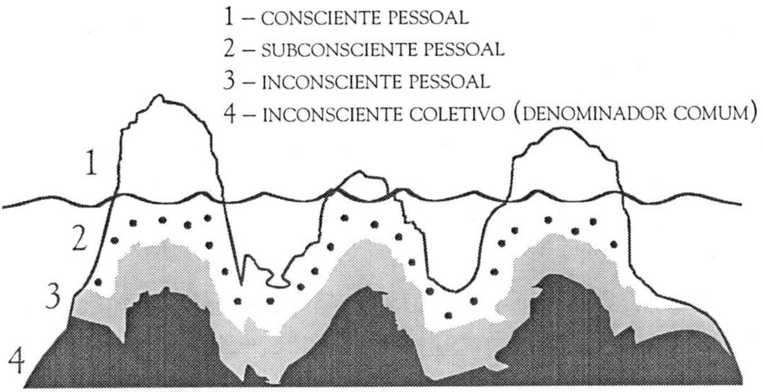

• 1 – É a nossa consciência: nosso "órgão de percepção", um espaço de abrangência onde tomamos ciência. Ex.: sei que preciso ir ao dentista, meu dente não pára de doer; e não é pouco, é muito.

• 2 – O subconsciente é composto por tudo aquilo que está abaixo da linha da consciência. Uma região da mente que serve como um repositório de experiências, onde depositamos todos os produtos substanciais da vida. É uma zona onde reencontramos o que temos sido e o que temos feito; é o palco onde descortinamos a estrada percorrida na construção de nós mesmos, assim como nas camadas geológicas descobrimos o roteiro vivido pelo planeta. A escolha mora na consciência; o hábito mora no subconsciente.

• 3 – O inconsciente pessoal é o conjunto dos processos dinâmicos, e não chega ao nosso conhecimento a forma como acontecem. Aqui mora a coordenação inteligente das funções corporais. Você não ensinou seu corpo a crescer, seu pulmão a respirar, o sangue a circular. Então a inteligência tem um pé na consciência e outro na inconsciência. Os impulsos fundamentais, reprimidos ou não, são: presença, curiosidade, criatividade, agressividade e socialização. As virtudes que ainda estão em gestação psicológica são arte, poesia, ciência, invenções.

• 4 – O inconsciente coletivo abriga as idéias – mães para todos os seres da humanidade. Ao contrário do inconsciente pessoal, que é constituído de conteúdos individuais, o inconsciente coletivo possui conteúdos universais que aparecem com regularidade. Os conteúdos do inconsciente pessoal fazem parte da personalidade, e os do inconsciente coletivo participam da humanidade. Em todos os tempos, a humanidade cultuou a imortalidade da alma, a percepção do extrafísico, a divindade.

Todos nós fazemos parte da mesma mente. Estou falando, você ouvindo, estamos na mesma freqüência; e à medida que intensificamos nossos sentidos, nos comunicamos também de forma mais profunda, mais mediúnica.

> *– A telepatia, por exemplo?*
> *– É! Captamos a energia do outro e muitas vezes é por essa via de acesso que sabemos o que a pessoa está sentindo, mesmo que na superfície elas disfarcem. Esse perceber mais profundo, esse perceber da energia chama-se mediunidade.*
> *– Então, pela mediunidade posso perceber muita coisa.*
> *– Daí a importância do estudo...*

Se todo fenômeno mediúnico tem como base a mente, e se estamos mergulhados nela, ela não é apenas uma coisa dentro de nós. Está também fora de nós.

Estamos habituados a associar a mente à cabeça.

> *– E ela não está aí?*
> *– Não estou negando o fato de que ela também está aí. Mas onde ela termina? E as coisas que vejo lá fora? Como vejo? Como escuto? É uma convenção que é um mundo exterior.*
> *– Ah! Mas a mesa está fora de mim, a cadeira. Você está fora de mim.*
> *– Também não estou negando a sua forma de perceber, mas vamos articular outro raciocínio, de outra maneira.*

Você está próximo de mim, emitindo ondas que meus aparelhos receptores captam, então há uma constante onda ligando-o a mim: em termos energéticos já existe uma relação: vejo-o, ouço-o, sinto seu cheiro.

Depois, os átomos do seu corpo ligam-se aos átomos do ar, que se ligam aos átomos do meu corpo. Existimos dentro de uma massa atômica de diferentes freqüências.

> *– Você quer dizer que não é possível largar dos outros... que estamos todos grudados?*
> *– Grudados?! Estamos num* continuum *energético, e isso não é grude. Quando você usa a expressão "grudado" já sei que você não está raciocinando em termos energéticos, mas em termos físicos. Porém, você é mais que uma posta de carne com dois olhos; ou não? Então, a criança, o adulto, o que morreu, estão todos num* continuum.
> *– Eles estão grudados num* continuum*?*
> *– Esqueça! Entenda assim: eles estão ligados.*
> *– Que idéia estranha! Desconfortável, todo mundo grudado em todo mundo.*

Uma pessoa que morreu não se torna santo só porque deixou o corpo físico. Ela continua sentindo as suas emoções costumeiras e tendo seus pensamentos habituais.

Tanto o pensamento como a emoção provocam ondas vibratórias, que aqueles que têm uma sensibilidade mais apurada podem captar.

> *– É! Mas as coisas existem fora de mim.*
> *– Você nunca foi lá fora pra ver!*
> *– Como ir lá fora? Estou olhando pra você.*
> *– Não! Você está recebendo uma imagem minha através do seu sistema nervoso. Essa imagem atravessa o sistema nervoso e chega ao seu centro de percepção. Então você nunca saiu daí*

de trás do seu centro perceptivo: você só vê o que chega para você. Quem tem sensor de maior capacidade receptiva (médium) recebe mais imagens, até vindas de mais longe. Imagine que agora, ao seu redor, passam todas as imagens de todas as emissoras de TV. Porém, se você não tem um televisor para fazer a recepção da imagem, você não verá nada. Você só vê o que chega para você, e se o seu aparelho de percepção visual entrar em colapso, não enxergará mais nada. Compare o seu corpo a um submarino onde a comunicação é feita através de um circuito de TV, levando e trazendo imagens. Então você não sabe o que está se passando no mundo, só fica sabendo o que chega para você.

– Não sei se você quer me ensinar ou me enlouquecer!

– O meu amado professor de psicopatologia dizia que a loucura é o recurso do qual a natureza lança mão para nos reconduzir à lucidez. Confesso que, na época, eu não entendia toda a extensão dessa fala.

– As coisas estão piorando!

– Nada está piorando. Apenas articulando. E também não é nada difícil de entender que você só tem imagens.

– Então, como é o mundo de fora?

– Será que é realmente como eu percebo?

– Penso que sim.

– É, ao menos enquanto estamos aqui no corpo, com esse sistema nervoso... Olhamos para a árvore e vemos o caule marrom e a copa verde. Estamos recebendo assim, mas vamos considerar a hipótese que esses aparelhos sofram uma pane. De repente há uma descarga mais forte de energia e eles "enlouquecem", passando a um funcionamento superacelerado. O que você per-

ceberá? Uma porção de luzes ao redor das pessoas? Irradiação? Ondas eletromagnéticas coloridas, que se movimentam, que têm formas? A sensação de tempo se altera: o tempo parou! Não há o tempo. Aí você percebe que também não há o espaço, que você não anda, voa! E sai voando. Você fica cheio de imagens e de sensações estranhas, sensações inéditas, e para maior espanto, as coisas mais absurdas que você pensa começam a se transformar em realidade.

– Mas isso é pirante!

– Não! A isso chamamos dormir, sonhar. Quando o aparelho é desligado, acordamos. A cada toque no aparelho tudo muda. Agora vamos a uma descarga energética mais intensa no aparelho – ele queima, aí chamamos morte.

– Dependemos de como os aparelhos estão? O físico, o astral e o mental?

– Para quem estava ficando louco, o nível de interesse é alto.

– Acho sua forma de pensar muito louca, mas ao mesmo tempo fascinante.

– Dependemos, sim, de quão regulados estejam nossos aparelhos. Quando você resolve tomar um pileque...

– Eu não bebo!

– Nem eu. Então vamos mudar o personagem. Quando seu amigo resolve tomar um "fogo" ou dar umas "cheiradas", os aparelhos ficam alterados, saem da freqüência habitual, e as coisas que ele vê ou sente ficam alteradas também. Seu amigo fica ali no núcleo de percepção, mas os aparelhos captam imagens distorcidas, causam sensações diferentes, e ele passa a experimentar um universo diferente. A alteração está não no que é, mas naquilo que ele percebe, naquilo que chega para ele.

– Ah! Agora peguei você! Se chega, é porque está fora!

– Alcli, você começa a perceber através do que chega, que lá fora é o dentro, e que o dentro é fora. Estou insistindo nisso porque já notei que você pensa que a realidade é o que está fora de você. Você observa o que acontece ao seu redor e diz: "isso que está aí fora é o real". Ou vai para a frente do espelho e, se observando, diz: "sou feio, sei que sou, olhei no espelho e a verdade está ali, refletida!". E é exatamente essa linha de raciocínio que eu quero romper. Não é assim!

– Mas eu acho que é assim.

– Você acha, mas não é. Até as outras pessoas afirmam que você é bonito, mas você não vê. Há alguma coisa nos seus aparelhos deformando a imagem. Talvez uma impressão de infância, talvez alguém lhe tenha dito quando criança que você era feio e você continua com aquela velha imagem, uma velha crença, um velho programa.

Saiba que quando cremos numa coisa temos uma imensa probabilidade de torná-la visível fora de nós, porque dentro ela já é. Uma pessoa bonita que acredita ser horrível deforma o rosto.

Pela crença, ela arranja um jeito de ficar com o rosto inchado. O mosquito a morde, ela passa um creme na pele que lhe provoca uma reação alérgica, saem quilos de espinhas, acnes. Ou cai e arranja uma cicatriz no rosto. Formas de materializar a crença é o que não falta. Resultado: chega a hora em que ela vai para a frente do espelho e vê um rosto deformado.

As coisas fora vão tomando o rumo ditado pelo dentro.

– Está ficando mais claro?

– O que está fora é um reflexo?

– Um reflexo, o mundo externo é sempre um reflexo daquilo que você está fazendo dentro do aparelho. Conforme você clica lá dentro, ele mostra um mundo de acordo com a sua crença.

As coisas, os fatos, as situações são gerados dentro e depois se materializam fora. Muitas pessoas chegam aqui à clínica queixando-se da rejeição do pai, da mãe, do marido, do filho; então vamos atuar no aspecto auto-rejeição. Essa rejeição a que elas se referem, que não entende, porque ocorre, não notam que foram elas mesmas que deram origem. Pode procurar onde se desconsideram, porque há primeiro uma auto-desconsideração.

– Ah! Mas será que alguém se desconsidera?
– É muito mais corriqueiro do que você imagina.

Estamos nos desconsiderando quando:

- nos obrigamos a ir passear sem vontade, só porque é domingo;
- comemos todo aquele pedaço de bolo ruim para não desagradar uma amiga;
- comemos toda a comida do restaurante só porque já está inclusa na conta;
- não queremos participar do amigo secreto e participamos, etc.

São pequeníssimas desconsiderações que vão formando um hábito, que vão ganhando corpo, formando a base para a perda da auto-estima. E como a própria pessoa já deu início ao processo, ela mesma se desconsiderando, o mundo de fora, aquilo que você chama de realidade, vai copiar, vai apenas refletir o mundo de dentro. Daí conclui-se que não existe fora e dentro – é um seqüencial, um *continuum*, não há limite energético estabelecido.

Some-se a isso o fato de que os nossos aparelhos de captação e percepção são educáveis, programáveis, mutáveis.

À medida que eu mudo meu pensamento, meus aparelhos vão me mostrar um mundo diferente e de um agir livre. Mas até hoje viemos acreditando de forma diferente:

- as coisas de fora são fatais;
- somos frutos só da nossa família;
- somos frutos só da sociedade;
- somos frutos só da maneira que as pessoas nos moldaram.

Culpamos os pais, a escola, a igreja e esquecemos da nossa parte no processo, esquecemos a nossa dose de colaboração.

Tudo que está fora fomos nós que criamos. A sociedade somos nós que criamos.

> *– Ah! Mas eu não vou mudar toda a sociedade!*
> *– Não vai e também não precisa. Mudando sua maneira de pensar, você estará transformando tudo aquilo que vem para você. É aquela velha história: se a vida trouxe um limão, transforme-o numa limonada.*

Isso é importante, porque de posse desse conhecimento, você atenta para: "tenho participação no fato, portanto não sou vítima da situação; assumindo minha participação, retorno o poder, indago quais idéias (dentro) estão provocando os fatos (fora), observo onde estou colocando minha força, minha vontade, minhas atitudes".

Para onde quero ir? Eu sou o dono de mim, o senhor do meu reinado, e eu devo decidir. Se eu não cuidar do meu próprio reino, o eu mesmo, passarei a sofrer conseqüências desagradáveis por isso.

Vou tomando posse de mim antes que os outros venham fazê-lo. É bom termos o controle da nossa situação.

O que estamos fazendo com nossos aparelhos de captação e de percepção dos cinco ou seis sentidos? Que ou quem orienta nossa crença? Isso é demais de importante, pois tudo aquilo em que você acredita se transformará em sensorial para você.

– E o que isso tem a ver com a mediunidade?
– Treinamos com o que dispomos, e o mundo físico está mais disponível para experimentarmos a materialização da crença.

A experiência no mundo astral é muito semelhante, mas muito mais intensa. Lá, aquilo que você crê imediatamente é transformado em sensorial, algo próximo de: tocou no interruptor e a luz acende.

Aqui na Terra as coisas são mais lentas para que possamos verificar como é que todos os processos ocorrem.

Pense num filme onde você congela a imagem ou a passa em câmera lenta para observar detalhes com mais acuidade. Lá no astral tudo é muito dinâmico, e não há tempo de percebermos como as coisas acontecem. Mas, percebendo ou não, elas ocorrem. Então, somos matriculados numa escola chamada Terra, onde teremos oportunidade de aprender as coisas, os mecanismos da vida, de modo mais lento, bem devagarinho, para observarmos bem, etapa por etapa, uma vez que a massa corporal, que é mais densa, faz baixar a freqüência da energia que aparece em nosso aparelho. Viver encarnado, sob esse aspecto, é uma maneira de conter a velocidade da vida, de desacelerar, o que nos permite ir percebendo cada etapa vagarosamente.

A pessoas com aparelhos mais potentes chamamos de médiuns. Essas pessoas captam as freqüências do mundo astral. E os habitantes de lá também possuem mente, também têm suas crenças... e lembrando que a mente é única, podemos trocar figurinhas, isto é, podemos fazer contato (plugar) através dos nossos pensamentos, de nossas crenças, nossos sentimentos.

Mas o contato ocorre, ao que tudo indica, no rumo do pensamento, da emoção, dos valores do médium, ou seja, da sua personalidade.

Conclusão: educar a personalidade, conhecer-se, educar não apenas o intelecto, mas também a emoção faz parte da educação mediúnica, sem o que ela será capenga.

– Mas o centro espírita nem sempre conta com especialistas em personalidade ou emoção.
– Eu sei! Cada um faz aquilo que está ao seu alcance. O centro espírita conhece o trabalho mediúnico com características religiosas, mas a faculdade mediúnica é laica, e as religiões nem sempre aceitam a mediunidade. Como se sente uma pessoa que se percebe médium? Perdida, não tem muito a quem recorrer. O que sobrou? Para quem pedir ajuda?
– Ao centro espírita.
– Graças a Deus que ele existe. No futuro... talvez... quem sabe... o povo deixe o preconceito cair e some conhecimentos.
– Tomara...

Pare e observe o quanto um centro de umbanda ou quimbanda está distanciado de um centro universitário de estudos.

Mas a vida é fantástica, e ao tempo certo essa "miscigenação" fatalmente ocorrerá. Aqui na clínica já passaram alunos universitários que são médiuns, que freqüentam umbanda, advogados que nas horas vagas trabalham com desobsessão e psicólogos que incorporam.

– E quem não se educa? Quem não educa seus aparelhos ou campos?
– Os aparelhos mudam sozinhos, a própria natureza se incumbe de mudá-los.
– Como?
– Morrer é mudar a aparelhagem. Por aqui você já vai deixando corpo e duplo etérico. É como ficar alcoolizado de repente. Há uma mudança no sistema nervoso causada pelo álcool, e começamos a perceber diferentemente. Morrer também é assim, só que não há a ressaca e não se volta ao estado anterior na manhã seguinte.

– Bem! Se o que eu percebo depende do meu aparelho de percepção...

– E o seu aparelho de percepção é a consciência...

– Tudo aquilo que eu percebo depende da minha consciência?

– Bravíssimo!!! Mas não se esqueça de que a mente continua fora do campo consciencial, e que uma das suas funções é trazer o material do oceano da inconsciência para a praia da consciência.

Em termos mediúnicos, a mente inconsciente capta o que existe no astral a que nos unimos.

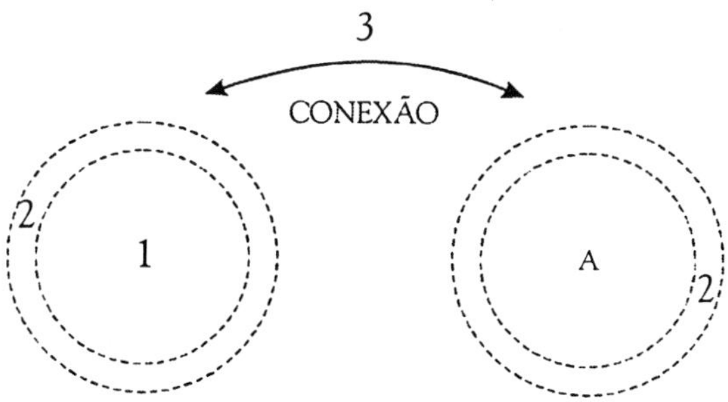

1) MENTE CONSCIENTE DO MÉDIUM (DE CARÁTER PESSOAL)
A) MENTE CONSCIENTE DA ENTIDADE – MENTOR OU OBSESSOR
2) MENTE INCONSCIENTE (DE CARÁTER PESSOAL)
3) MENTE INCONSCIENTE OU INCONSCIENTE COLETIVO

– A conexão é o transe?

– É! A conexão é o transe.

– É quando um médium recebe uma comunicação do astral?

– Correto. Vamos adentrar um pouco nessa comunicação.

A mente consciente do médium sabe que a ligação se deu: em transe, o médium recebe uma informação sabendo que ela veio do astral, que pode ou não ser comunicada a alguém. É o caso, por exemplo, das cartas enviadas por jovens falecidos a familiares saudosos. Muita gente procurou Chico Xavier com essa finalidade e foi atendido.

Ou o médium não sabe que a ligação se deu, nem desconfia: ele tem uma idéia, tem uma intenção, tem uma inspiração que veio "via pensamento". Ele assume a paternidade do pensamento e segue adiante como se fosse dele.

Esse é um transe bastante sutil. Se o médium não tiver bastante *feeling*, boa capacidade de discernimento, nem toma conhecimento do transe.

É aqui que o conhecimento da própria personalidade, da própria maneira de ser fará a grande diferença.

– Qual?
– Da mediunidade de efeito "saudável" para a mediunidade de efeito "patológico".

Na mediunidade de efeito saudável toda aquela energia que o médium importa – sensações, sentimentos, formas-pensamentos ou idéias – lhe é útil, vem de espíritos capacitados, organizados, amorosos, que usam o contato mediúnico na busca do bem comum.

Na mediunidade de efeito patológico, o "material importado" pelo médium não lhe é saudável. Ele absorve sensações que podem lhe causar dores no físico; tristeza, desânimo em nível astral ou idéias mórbidas em campo mental. Por sentir tais sensações em si, assume a paternidade delas e passa a considerar-se um doente físico, emocional ou mental.

Tenho uma irmã que sempre diz: "já tomei muito xarope pra tosse alheia", fazendo alusão ao fato de importar a tosse de alguém e acreditar que era própria (ela somatizava em seu corpo a doença alheia).

Quando o sintoma importado é físico, é muito fácil de detectar. A pessoa, no caso o médium, sente sintomas no corpo, geralmente dores na cabeça, peso no corpo, mal-estar generalizado, enjôo, tontura, e tenho visto casos de fome compulsiva. Consulta o médico, faz exames que não acusam nada e via de regra, o que é pior, toma uma medicação por conta própria para amenizar os sintomas.

O médium se contamina energeticamente, somatiza os sintomas e vai cuidá-los como se fossem seus, sem notar o processo que ocorre consigo mesmo.

Podemos chamar a esse de um transe inconsciente.

> *– Eu sempre pensei que o transe inconsciente fosse aquele no qual o médium vai ao centro, faz contato com uma entidade e depois não se recorda do que falou!*
> *– É uma outra modalidade de transe inconsciente. Ele sabe que entrou em transe, mas não sabe o que aconteceu durante o transe. Creio que essa é uma postura cômoda e um tanto quanto irresponsável diante da situação.*

Se eu sou a senhora da minha mente, dona da minha vida, se a natureza me deu arbítrio, vontade própria e individualidade, parece-me que o "transe inconsciente" está calcado na personalidade do médium.

Em minhas pesquisas, poucos médiuns se mostraram inconscientes, e eram pessoas que viviam processos psíquicos de auto-abandono, baixa estima por si mesmos. Pessoas que, na situação fora do transe, também se deixavam conduzir por idéias alheias, colocando-se invariavelmente num segundo plano.

Eram pessoas do tipo: "Não posso ir à clínica à noite porque meu marido está em casa; ele não gosta que eu saia quanto ele está..." (a decisão é do outro).

"Ah! Para mim não precisa presente..." (desvalor).

"Não dá tempo de cuidar da pele: primeiro levo as crianças (10, 12 e 14 anos) ao colégio, depois meu marido ao emprego, aí passo na casa da minha mãe, depois..." (sempre: primeiro os outros).

"Ah! Acho que não vai dar, tem três vagas e somos noventa e oito candidatas." (já me coloco fora do páreo antes do teste).

"Ah! Você acha que eu ia falar que não queria... ficava chato..." (auto-sabotagem).

Todos esses itens de auto-sabotagem, eu mesmo me diminuindo, eu mesmo me rejeitando, eu mesmo me passando para trás, eu abrindo mão do poder decisório, não são aspectos do campo de mediunidade, mas da personalidade.

–Você está querendo dizer que o transe inconsciente é próprio do médium auto-abandonado?

– Já disse! O que muitas vezes atrai a revolta do próprio. O que me mostra o quanto ele é vulnerável ao que vem de fora, afinal, ele não precisa comprar a minha opinião. Poderia simplesmente ignorá-la se tivesse um bocadinho de conhecimento sobre educação emocional. De novo estamos esbarrando na personalidade do médium.

– Personalidade?! Mediunidade!? Então personalidade e mediunidade funcionam juntas?

– De mãos dadas.

Funcionamento Conjunto

Bruno | C | D

Idade: 20 anos
Profissão: estudante
Escolaridade: 3º grau em curso
Situação: perda do senso de realidade.

Uma tarde atendi à mãe de Bruno, uma senhora de um pouco mais de quarenta anos (sou péssima em calcular idade), bem aparentada, culta, bom nível de sensibilidade, situação econômica estável.

Dona Mãe veio em busca de ajuda para o seu "menino". Pedi que me pusesse a par da situação.

Ela me contou que ele, até muito recentemente, se apresentara sempre dentro da normalidade esperada dos rapazes de sua idade. Saudável, porte atlético, só tivera algumas doenças corriqueiras na infância e vez por outra uma crise de bronquite.

Na escola, estudara sempre sem repetir qualquer série.

Socialmente, poucos amigos, algumas festas, algumas namoradas passageiras...

Vida mental do "menino" intensa, raciocínio ágil. Entrou na faculdade e lá estava em curso quando as coisas começaram a acontecer. Num período de férias, "o menino" viajou, como sempre fazia. Foi para o litoral.

Durante a preparação da viagem, os primeiros sinais de que algo não ia bem. Bruno dizia à mãe das expectativas de atuações futuras no campo profissional. Tinha tido umas idéias que seriam revolucionárias quando apresentadas ao comércio. Disse que ficaria muito rico, que entraria para a história: "Porque eles estão aumentado minha capacidade de raciocínio, mãe".

"Eles quem?", indagou dona Mãe:

"Os ETs", foi a resposta de Bruno.

Dona Mãe sorriu, divertida, achando que seu "menino" estava brincando.

Foram viajar, Bruno, o senhor Pai e um amigo de Bruno, Francis, que também tem um apartamento na orla.

Bruno e Francis passavam os dias ora no apartamento de um, ora no apartamento de outro, manhãs na praia, danceterias à noite... programação de férias da jovem guarda.

Numa das noites preparavam-se para sair, Francis no banho e Bruno já pronto na sala ouvindo música, quando se deu conta de que podia ligar e desligar o aparelho de som do amigo, não da maneira convencional, mas sem toque, até sem o controle remoto, apenas por um ato de vontade. Tal como um Aladim – o gênio da lâmpada –, pensou: "o aparelho liga"; pensou: "aumenta o volume"; pensou: "abaixa o volume"; pensou: "desliga".

Surpresa total para ambos.

Francis gritou do banheiro: "Bruno, pare com isso, você vai queimar o som!"

Bruno não parou, estava surpreso, maravilhado, testando... testando...

Quando Francis chegou à sala inteirou-se do que estava acontecendo. O aparelho de som obedecendo ao comando do amigo, sem controle remoto, sem nada, era difícil de acreditar, mas estava acontecendo.

Foram aos encontros noturnos, música, dança, às moças; no ambiente festivo tudo foi esquecido.

Passaram-se dois ou três dias e novamente uma situação estranha. Dessa vez com o chuveiro.

Francis no banho, Bruno na sala aguardando, recordou-se que dias atrás tinha conseguido interferir no funcionamento do som. Resolveu tentar o mesmo com o chuveiro. Conseguiu. Francis continuou o banho com água fria, depois com água quente novamente.

Só os dois rapazes, até então, sabiam desses fatos, uma vez que ocorreram sempre quando estavam a sós no apartamento de Francis. O senhor Pai ficava no seu próprio apartamento, portanto, não presenciava tais fatos. Dona Mãe havia permanecido em São Paulo, não descera a serra, portanto, também desconhecia o ocorrido.

Não era muito do costume de Bruno telefonar para a mãe durante seus passeios, mas dessa vez o fez. Ligou contando que os amigos estavam capacitando-o e que ele conseguira interferir nos aparelhos elétricos.

"Que amigos?"

"Os ETs, mãe. Eles são muito inteligentes e estão ativando a minha inteligência."

Dona Mãe ligou para o senhor Pai e indagou o que ele sabia acerca do acontecido. Ele não sabia nada, não vira nada.

Na manhã seguinte, novo telefonema e novo relato: contou que quando estava na praia, Bruno passou a captar, a sentir em si aquilo que outras pessoas estavam sentindo. Focalizava uma delas e notava o que ela sentia.

O apartamento de Bruno na orla estava em reforma, e o senhor Pai estava lá, ocupado com os pedreiros. Dona Mãe de novo chamou o pai e perguntou se notara algo estranho no comportamento de Bruno.

Dessa vez o senhor Pai contou a ela que não estava entendendo o que estava acontecendo, pois Bruno lhe dissera para ficar de olho no pedreiro porque sumira uma certa importância do seu bolso. À tarde disse ao pai que a importância havia sido devolvida com algum acréscimo. O senhor Pai estranhou, não havia notado nada de estranho, a não ser as observações do filho.

Dois dias depois, Bruno voltou para São Paulo com o pai, chegou por volta das três horas da manhã. Não foi dormir. Chamou a mãe e conversou, segundo dona Mãe, compulsivamente até o dia amanhecer.

Dona Mãe ficou assustada com o comportamento do filho. Ele disse que não precisava mais voltar à faculdade, que podia ler o pensamento das pessoas. Estava estranho, pediu que ela lutasse com ele uma luta oriental que nem ela, nem ele nunca tinham ouvido falar.

Dona Mãe, servindo o almoço, resolveu que na manhã seguinte iriam ao médico psiquiatra em busca de auxílio. Ela não sabia que não esperaria tanto.

Ao cair da tarde, Bruno resolveu voltar para a praia dirigindo seu próprio veículo. Dona Mãe, diante do que já tinha observado, temeu, e novos pressentimentos lhe assolaram a alma. Dona Mãe resolveu arregaçar as mangas, tomou as rédeas da situação e declarou: "Você não vai dirigir nesse estado!"

Bruno, que não era dado a discussões com a mãe, insistiu. Ela não cedeu, a discussão se estendeu, os irmãos vieram para a cozinha onde eles estavam, até o pai veio. Num clima de mal-estar geral, finalmente ficou acertado que ele não dirigiria à noite, na estrada, com uma série de estranhices ocorrendo.

Dona Mãe recolheu e escondeu todas as chaves de todos os veículos da casa. Mas os fatos se precipitaram. Bruno trancou todas as portas e janelas afirmando que aparecerá alguém no apartamento vizinho com uma máquina fotográfica e uma arma apontada na direção de sua própria janela. Quis chamar a polícia, e até tentou, mas foi impedido pela família. Dizia que sofreriam um seqüestro, que era necessário prevenir, chamar a polícia.

Bruno estava muito nervoso, olhos arregalados, respiração ofegante, mãos gélidas e pele suarenta, gritando com medo, revendo as portas que já trancara.

Dona Mãe, como pôde, tentou acalmá-lo. Parecendo retomar a lucidez por alguns instantes, Bruno lançou um pedido mudo de ajuda com o olhar e disse a ela: "Mãe! Eu não consigo controlar, é alguma coisa mais forte do que eu..."

Passados alguns minutos, ele entrou em crise novamente: "serão assaltados... o apartamento ao lado... chamem a polícia... o perigo...

Dona Mãe carregou o "menino" para dentro do carro e rumou para o hospital mais próximo.

Lá chegando, relatou o fato ao médico de plantão, que usou sedativos e tranqüilizantes para que Bruno adormecesse, com a promessa de que, na manhã seguinte, o encaminhariam ao Hospital Psiquiátrico.

Na manhã seguinte, dona Mãe e Bruno foram ao Hospital Psiquiátrico.

O calmante da noite já concluíra seu efeito, e Bruno estava impaciente, irônico e um tanto agressivo.

Mal conseguia aguardar o médico. Quando chamado, contrariando seu comportamento habitual, foi irônico e agressivo com o médico, que solicitou do enfermeiro uma nova dose de sedativo.

Quando o enfermeiro chegou com o remédio, Bruno riu desdenhosamente, aproximou-se da janela e, com a agilidade de um gato, saltou para os jardins. E de lá para as ruas.

Soou o alarme, os seguranças foram acionados; mas trazer Bruno de volta não foi fácil. Ele é moço, forte, atleta, muito ágil, e parecia estar possuindo a força de dez cavalos.

Foi solicitada uma equipe de resgate para controlar a situação. Dona Mãe, atônita no hospital. O médico cuidando de outros pacientes.

Bruno saiu não se sabe para onde, uma equipe de resgate fez operação pente-fino nas imediações do hospital.

Já habituado à rotina hospitalar, o médico disse a dona Mãe: "Senhora, por favor, sente-se e aguarde. Dentro de pouco tempo teremos notícias".

Dona Mãe, a despeito de sua coragem, debulhou-se em lágrimas.

Enquanto a equipe de resgate procurava por Bruno, dona Mãe foi chamada pelo médico, que fez um diagnóstico: "surto psicótico, internação imediata".

Passado algum tempo, chegou um segurança, que avisou: "Dona Mãe, o rapaz já foi encontrado, por favor, queira me acompanhar".

Lá se foi dona Mãe ao encontro de Bruno. Encontrando-o, voltaram juntos para o hospital. Ele não sabia que permaneceria lá, e ela questionava a idéia: "Como interná-lo assim? É meu menino, ficará com um rótulo para carregar até o fim da vida; terá que lutar contra o preconceito das pessoas?" Ela não podia "queimar o filme" dele, mas também não podia deixá-lo sem assistência médica com um diagnóstico daqueles.

Que fazer? Ela não poderia contê-lo sozinha numa crise como a que presenciara. Lembrava-se do pedido de auxílio de Bruno, tinha ainda sua fala nos ouvidos: "Mãe, não consigo controlar".

Quando lhe foi apresentada a ficha de internação, Bruno havia sido medicado – o que custara o empenho de toda a equipe médica para imobilizá-lo – e então dormia um sono químico.

Mudara o plantão médico e, incerta, dona Mãe dirigiu-se ao novo psiquiatra recém-chegado e perguntou: "Doutor, se fosse o seu filho, o que o senhor faria? Ele nunca teve nada, e agora isso..."

O médico, olhando-a com respeito, respondeu: "Mais um motivo para interná-lo, dona Mãe. Tudo está muito no início, e aquilo que poderia ter sido uma grande tragédia – o surto –, aconteceu debaixo do teto do hospital, com toda uma equipe para dar-lhe assistência. Agradeça a Deus, porque tenho histórias com esses componentes que são de arrepiar. Faremos tudo que estiver ao nosso alcance para cuidar dele, pode ficar tranqüila".

Dona Mãe assinou a papeleta e a última cena daquele dia foi ver Bruno, amarrado numa camisa de força, dormindo o sono químico numa maca, ser transportado e entrar num corredor ao qual ela não tinha acesso.

Tudo para ela foi muito difícil nesse dia. Relembrou o nascimento, a infância, os estudos, o vestibular, o carro novo que estava sendo comprado para ele, e desatou num choro muito sentido.

Rezou, pediu ajuda aos céus e à Terra.

Quando sua crise amenizou, o médico a dispensou dizendo que o que ela podia fazer, já tinha feito, e que agora ele ficaria lá. E, no início do tratamento, ele sugeria que ninguém fosse visitá-lo, apenas solicitassem notícias na portaria. Mas ele oferecia o número de seu celular para que a senhora Mãe ligasse todas as noites, se quisesse, que ele próprio relataria o estado de Bruno.

Dona Mãe sentia confiança no doutor. Copiou o número oferecido e voltou para casa sentindo-se absolutamente desamparada, muito embora soubesse que tinha uma família toda aguardando seu retorno e notícias de Bruno.

A primeira noite sem Bruno em casa, a sensação de perda tomara a todos da família. Até o cachorro parecia atormentado; e até onde tive acesso, não apenas parecia, estava.

Na noite seguinte, todos aguardavam a hora de ligar para o celular do médico. As notícias foram de estabilização do quadro. Nas demais noites foram de pequenas melhoras, algumas recaídas. A primeira quinzena se arrastou sem Bruno em casa. Na primeira oportunidade de visita foram todos vê-lo.

Antecedendo a visita, foram todos para uma sala e conversaram com o médico, que respondeu a todas as questões levantadas e avisou que eles estariam ainda nos próximos minutos com Bruno. Ele viria com um ar um pouco "chapado", devido à medicação usada, que causava uma certa rigidez muscular. Mas ele estava melhor, e essa era a notícia que aliviava a todos.

Foram para a sala de visitas, e quando Bruno entrou foi uma emoção só.

O tempo foi passando, e com a melhora constante, Bruno teve licença para ir almoçar em casa, mas à tarde precisava retornar. Levá-lo para casa foi fácil, mas fazê-lo retornar foi difícil. O que não deixava de ser um sinal de grande melhora.

Mais uma semana de hospital e nova licença, agora maior. Bruno poderia passar um fim de semana prolongado em casa, desde que tomasse a medicação. Assim foi feito.

Um dia, antes do retorno de Bruno para o hospital, o médico ligou, pediu para falar com dona Mãe. Disse: "Estou deixando o hospital porque não aceito o tratamento dispensado aos meus pacientes; cheguei ao hospital no dia em que Bruno foi internado e agora estou saindo, e não gostaria que ele permanecesse lá. Talvez ele já consiga permanecer apenas com o tratamento ambulatorial, isto é, passa por consulta e leva o remédio para tomar em casa".

Dona Mãe sentiu um aperto no coração. O médico em quem ela confiava estava se afastando por não concordar sabe Deus com quê. Ali estava um bom motivo para não levar Bruno de volta.

Foi discreta ao voltar ao hospital. Deixou Bruno em casa, pediu uma entrevista com o responsável pelo expediente e explicou que tentaria uma outra modalidade de tratamento. Não citou o telefonema do médico. Assinou um termo de responsabilidade pela não-devolução do paciente e rumou para um consultório que pudesse dar seqüência ao tratamento de seu "menino".

Dona Mãe, em busca de tratamento, descobrira:

- clínicas ambulatoriais;
- consultórios particulares;
- literatura – filmes – documentários;
- outras mães na mesma situação;
- outras pessoas que ficaram curadas;
- pessoas que tiveram uma melhora;
- pessoas que não se curaram;
- terapias alternativas;
- médiuns e sensitivos.

Estava ficando uma expert no assunto. E durante toda sua trajetória de mulher corajosa, feito uma leoa na defesa de sua cria, não encontrou nunca uma resposta para a questão: como e por que acontece um surto? E principalmente para seu filho. Até onde conheceu os antepassados da família, nada semelhante ocorrera.

Nenhum dos homens de ciência lhe respondeu nada acerca disso. Diziam eles: a causa é desconhecida, usamos da medicação mais moderna para amenizar os sintomas, associamos esportes, atividades, psicoterapia ao tratamento farmacológico.

Isso não era resposta satisfatória para dona Mãe. Nas suas andanças e pesquisas em busca de uma solução, ouviu outra mãe dizendo que o surto psicótico de origem mediúnica tinha cura, podia ser revertido, mas o surto psicótico da própria pessoa não tinha retorno.

Pareceu-lhe uma idéia muito estranha, mas seu "menino" valia muito mais que qualquer preconceito. O que perderia se enveredasse por esse lado?

Foi conversar com o psiquiatra do filho, que bem-humorado lhe respondeu: "Dona Mãe, nessas ocasiões é muito comum a família sair atrás das curas mágicas. Vá fazer o que quiser, mandingas, rezas, benzimentos, ebós, passes... mas não deixe de trazê-lo aqui e muito menos faltar medicação".

Foi nesse cenário que conheci dona Mãe. Eu fazia parte do seu arsenal paralelo de recursos.

"Dona Aparecida, o histórico é esse. Como a senhora acha que pode, ou se pode ajudar Bruno?"

"Pergunte se ele aceita vir para uma entrevista. Se ele aceitar, traga-o para uma avaliação, depois faço uma devolutiva, digo as minhas conclusões".

Passados quatro ou cindo dias Bruno entrou em meu consultório. Um rapaz como dona Mãe havia descrito, alto, de porte atlético, lembrando um deus grego. Não era exagero de mãe coruja.

Bruno me vasculhava com o olhar como quem está aplicando raio-X.

Senti essa energia do olhar de Bruno penetrar em minha aura, senti suas indagações, seus receios e também sua confiança em mim.

Tenho filhos. Durante muito tempo trabalhei com gente jovem, estou treinada a observar esses contatos energéticos.

Fui lá dentro de mim e procurei trazer o melhor de mim para oferecer a Bruno: a experiência, a fé, a responsabilidade e o conhecimento. Condensei tudo carinhosamente num largo sorriso.

Bruno sorriu também. A primeira impressão fora excelente e recíproca. A primeira fase não fora um obstáculo a ser vencido, mas um voto de mútuo respeito e confiança.

Com um gesto, indiquei-lhe uma das poltronas, e ele, sentando-se, disse: “Sei que para você posso contar tudo”.

Passear longamente na alma de Bruno foi uma tarefa gratificante.

Ele me narrou sua versão dos fatos. Diferente de outras narrativas ocorridas em situações semelhantes, Bruno recordava-se com clareza dos fatos. Foi além daquilo que dona Mãe contara, porque ele tinha lembranças do tempo em que ficara internado, e ela não estava próxima.

Fizemos um teste rápido, sem grande validade, apenas para saber de indícios de mediunidade. Embaralhei cinqüenta cartas do baralho Zener, pedi que ele separasse dez cartas e que adivinhasse, por qualquer método, fosse qual fosse, quais cartas havia tirado. Fomos conferindo: acertou a primeira carta, a segunda... a terceira, e assim foi até a décima carta. Arrisquei mais três. Total: em treze, Bruno acertou doze, muita coincidência para o meu gosto.

Bruno falou da sua facilidade em descobrir coisas guardadas. Sempre descobria o local onde os brinquedos de Natal eram escondidos... onde o irmão guardava isso ou aquilo, parecia ter um “faro” especial para encontrar coisas ocultas. Narrou que tivera visões durante seu período de internação, viu pessoas que nunca foram lá, fisicamente, visitá-lo, mas que se ligavam astralmente com ele através da prece. A avó de Bruno rezou muito por ele. Ele disse que ela o visitou, que esteve em seu quarto.

Nenhum dos familiares nunca teve acesso ao aposentos hospitalares de Bruno, apenas à sala de visitas.

Tudo sinalizava que Bruno tinha um grau bastante aguçado de mediunidade, e que essa mediunidade, esse fenômeno de parceria, de comunicação com o astral desabrochara rapidamente sobre uma personalidade que não lhe dera suporte; daí o desastre.

Nos dez minutos finais de nossa entrevista, pedi licença a Bruno para trazer dona Mãe para dentro do consultório e combinamos os três de trabalharmos aspectos mediúnicos sem interromper o tratamento médico.

Acredito em somar forças, em ter aliados na caminhada. O discurso do "eu só me basto", "eu sou dona da verdade", "sou Atlas", não encontra abrigo nas minhas bandas.

Estando os três de pleno acordo, passamos a nos encontrar uma vez por semana.

Nessa época Bruno veio ainda aparentando uma certa rigidez muscular por causa dos remédios.

Iniciamos nossos trabalhos junto a ele com algumas captações nas primeiras sessões. À medida que o tempo foi passando, não havia mais o que captar. Já conhecia o nível de mediunidade de Bruno e o processo que ele vivia: um fenômeno de possessão controlado quimicamente era evidente e indiscutível.

Bruno é médium, faz contato com entidades do mundo astral, e estava vivendo um processo obsessivo onde a entidade que se aproximava dele procurava impor suas idéias a ele.

Tudo que é matéria é igual a energia. O corpo é energia; o remédio é energia; o duplo, a mente são energia.

E a energia circula entre os diferentes níveis do ser. Num processo obsessivo como o presente, da mente do desencarnado partem impulsos para a mente do encarnado.

Bruno os capta a nível mental (idéias), a nível astral (emoções), e não sabe separar o que é efetivamente seu daquilo que pega carona na sua forma de ser, e aceita o que chega via obsessor em sua mente como se fosse seu.

Quando essa idéia alheia, esse sentir alheio pega carona, vem fazendo uma viagem hierárquica, vem "descendo" da mente de Bruno para o astral dele, e continua chegando ao duplo de Bruno, onde fica mais difícil o trânsito, porque o duplo está, inclusive para Bruno, "imóvel", numa freqüência alterada pelo remédio. Então, as informações vindas da própria mente de Bruno têm dificuldade de acesso, pois a freqüência está diferente e as informações vindas de fora também ficam parcialmente represadas.

É como se, quem tem febre causada por um foco infeccioso, tomasse um antitérmico. A febre baixa, dá uma sensação de melhora. Se o foco for pequeno, o organismo reage e a pessoa se recupera, mas se o foco for mais acentuado, a febre cede por um certo tempo e retorna. E ainda, se o foco for intenso, o antitérmico por si só não bastará, é será preciso intensificar o tratamento.

Como o remédio "segura" quimicamente as reações do próprio Bruno, "segura" também a atuação do invasor. Não atua no invasor, nem educa a emoção de Bruno, apenas "segura" os sintomas. O que é muito bom, pois permite, com esse represamento, que outras medidas terapêuticas sejam tomadas.

> *– O que eram essas captações a que você se referiu?*
>
> *– As primeiras vezes solicitamos que um médium de acentuado magnetismo participasse para atrair para si as entidades que acompanhavam o rapaz. Quando da captação, algumas se expressam falando, outras não se comunicam com clareza, apenas emitem alguns sons guturais.*

A captação dessas entidades perturbadoras traz algum alívio, exercícios bioenergéticos também. Tudo que alivia – música suave, aromas tranqüilizantes, alimentação, repouso, caminhadas num jardim sossegado, contato com a natureza, refrescos de frutas naturais como o maracujá, são bem-vindos, desde que a pessoa aceite.

Alívio, ajuda, não quer dizer cura.

Durante nossos primeiros encontros, ainda havia em Bruno uma certa turvação mental, idéias de profundo poder até sobre forças da natureza.

Aqui estava o elo de ligação entranhado na personalidade de Bruno, o plug que buscávamos remover: idéias de profundo poder, em outras palavras, idéias de manipulação... Pude observar que, quando ele queria algo, não titubeava em manipular a situação para obter sucesso. Uma mentirinha aqui, um disfarce acolá.

As entidades que se manifestaram na captação tinham idéias de manipulação sobre Bruno. Poder a qualquer preço, aqui estava a sintonia, a porta de entrada.

Depois de algumas sessões de captação, ninguém mais se manifestou. Parece que tivemos uma trégua. O rapaz estava com uma expressão mais tranqüila, continuava seu tratamento psiquiátrico com dosagens mais leves de tranqüilizantes.

Comentou que iria com um tio tomar passes num centro espírita. E foi.

Quando tudo parecia mais calmo, dosagens mais leves ainda, passes e demais ajudas, Bruno veio para nosso encontro muito bem disposto, bem vestido, bem escanhoado. Em meio à sessão notei uma presença extra na sala. Cravei os olhos na direção do rosto de Bruno. Não demorou e ele baixou o olhar, e quando levantou os olhos tinha uma expressão de ironia. Disse-me: "Eu posso fazer chover". Disse isso num tom imperativo.

Era a minha oportunidade. Eu senti Bruno em transe imperceptível para ele, nítido para mim. Sem perder o pé da situação, sem medos ou arroubos, e tanto quanto consegui, vibrei e irradiei toda a afeição de que fui capaz, e, confiante, disse a ele: "Faça chover. Será bom um pouco de chuva".

Lembrei-me do professor de psicopatologia nos estágios dizendo: "Não discuta com o louco".

Olhei para fora, havia um céu de brigadeiro, nenhuma nuvem.

"Vou fazer isso em cinco minutos."

"Tem dez, se necessários."

Enquanto os minutos transcorriam, uma música nos envolvia. Pedi à Grande Luz, clareza, lucidez para o raciocínio de Bruno. Era preciso que ele aprendesse a detectar de onde vinha aquela mania de poder.

Passados alguns minutos, oito, dez , é claro, não choveu.

"Bruno, meu querido, não choveu."

"Não entendo, eu tinha certeza de que a chuva viria."

Calmamente, tomei Bruno pelas mãos e fomos para a sacada do consultório da clínica observar a imensidão de azul que nos cercava.

"Bruno, a certeza não era sua, vinha de fora, uma outra mente mandando um pensamento de domínio sobre a sua. Isso é um transe não reconhecido. Peça ao universo que ajude na visão interna: você é um rapaz inteligente, logo, atrai mentes inteligentes. Mas também tem muita fé na manipulação, logo, atrai mentes também manipuladoras. Faça luz na consciência, Bruno, e verifique com bastante atenção. Da sua atenção, da sua força depende o sucesso dessa empreitada: quem ou quê? Qual situação nestes últimos dias você manipulou? Não precisa nem me dizer, basta reconhecer. Agora, neste momento, basta admitir para você. Encontrou a situação?"

"Acho que encontrei!"

"Quer falar sobre ela?"

"Num outro momento."

Fora admitida a existência do espinho.

Não era preciso saber com quem, nem quando, nem como o espinho entrara, apenas tirá-lo e cuidar do ferimento.

O jogo do invasor era feito em cima da crença da manipulação; enfraquecer essa crença é tirar o plug de ligação, é curar o ferimento.

"Veja, Bruno, fazer chover com um céu azul sem nuvens é impossível."

"Como não notei? Que o céu estava sem nuvens?"

"Você estava em transe, um estado alterado de consciência, na qual alguém quer ridicularizá-lo. Num estado próprio de consciência você reconhece que não é possível fazer chover. Você é um rapaz inteligente, culto, estudou..."

Passei a usar a linguagem que o tocava, porém, sem o intuito da manipulação, mas do confronto.

> – *Por que do confronto?*
> – *Porque o antídoto para a manipulação é o confronto.*

Nos encontros seguintes fizemos as ajudas habituais (exercícios bioenergéticos), mas fomos ao cerne da questão, exploramos a manipulação que servia de elo para a instalação do processo.

Bruno, de fato, é um rapaz inteligente e culto, que estava numa idade crítica.

O homem, em qualquer idade, é sempre senhor de sua mente, e diz a tradição ocultista de um padrão setenário de manifestações de responsabilidades:

- ao nascer, quando reencarnamos no planeta, vamos nos adaptando, nossos órgãos se desenvolvem, aprendemos a andar, falar;
- por volta dos sete anos, incorporamos nosso "padrão" de aprendizagem, temos já desenvolvidos os pré-requisitos para o trabalho com o desenvolvimento da leitura e da escrita. A criança passa a dominar o mundo dos símbolos e vai oficialmente para a escola, trabalhar seu intelecto;
- na adolescência, por volta dos catorze anos, mais ou menos, é época da solidificação no homem do seu campo astral (das emoções físicas, dos desejos), é a época das modificações físicas associadas às emoções. As meninas descobrem os rapazes, menstruam, suas formas se arredondam, mostrando-as mais atraentes; é a natureza em ação. Os rapazes mudam de voz, ganham os caracteres secundários da masculinidade e passam a ejacular. Do ponto de vista físico, registramos as transformações, e se tivéssemos a visão astral, observaríamos que um outro processo de transformação também ganha espaço. É hora de uma integração maior do campo astral, o campo que abriga nossas emoções e desejos. Recapitulamos

as lições da sexualidade já aprendidas em outras vidas que retornam sob a forma de impulsos;

• ao chegar à idade adulta, por volta dos vinte e um anos (Bruno tinha vinte na época), a pessoa fica de posse consciente do campo mental, passando a utilizá-lo sob uma inteira responsabilidade.

Essa retomada plena do campo mental trazia as crenças do passado à tona: força de domínio.

O corpo de Bruno diz isso: estatisticamente está entre os 10% mais altos do país, músculos vigorosos, porte atlético e os olhos, os refletores da alma, águas profundas que expressam uma clara qualidade de investigação; olhos penetrantes, capazes de captar segredos guardados sob a superfície da personalidade do outro, olhos magnéticos, firmes e sedutores.

O corpo sinaliza atributos que possuímos, que a natureza nos dá como ferramentas para trabalho interior. Levar esse olhar de investigação para o interior de Bruno era um desafio ao mesmo tempo enorme e fascinante.

> *– E como você notou essa força de domínio?*
>
> *– Além da leitura do corpo de Bruno, havia dois fatos muito curiosos: o primeiro era que claramente ele atravessava um período de obsessão possessiva, visto a força necessária de muitos homens treinados para buscá-lo no episódio do hospital; um comportamento não manifesto até então, diferente do seu padrão de hábitos. E o outro é que, durante a crise, o transe que o levou ao internamento, o rapaz passou a demonstrar conhecimento técnico de uma luta marcial que, no relatar da mãe, ele nunca aprendera.*

Numa das entrevistas feitas pela assistente social do hospital, dona Mãe foi questionada: "Onde Bruno aprendeu lutas marciais?" Porque na sessão de esportes, oferecida pelo hospital, ele queria que sua orientadora lutasse com ele. Como ela não sabia lutar, propôs outras atividades, o que Bruno recusou. Ele queria praticar sua luta marcial. Como não conseguiu um adversário à altura, fazia "treinamento" na quadra esportiva sozinho.

Dona Mãe explicou que o rapaz nunca aprendera nada daquilo, e que como ele não tinha renda própria, era ela que custeava todos os gastos, não havia a menor dúvida de que ela nunca pagara uma aula sequer da tal luta.

Ficou aquele clima de interrogação: onde e como ele desenvolveu essa técnica? Do ponto de vista da orientadora esportista, era impossível a demonstração da técnica apresentada sem treinamento constante. Do outro lado, a afirmação de dona Mãe de que jamais matriculara Bruno em qualquer academia do gênero.

Das minhas reflexões: a luta marcial surgiu junto com o processo possessivo que o rapaz atravessou: o que é luta? Força de domínio; o corpo lembra: força de domínio; o olhar magnético: força de domínio; o desafio "posso fazer chover": domínio ilusório.

Na ânsia de dominar, Bruno era dominado.

Acrescente a isso o relato de uma das captações, onde o médium, entrando em contato com energias inconscientes, trouxe a informação da existência passada de Bruno: ele fora um escravo. Como não tivera domínio sobre si mesmo, essa força vinha agora de uma forma muito primitiva. Havia necessidade de Bruno educá-la, orientá-la.

Em termos intelectuais (Q.I.), ele estava acima da média, o que é uma boa ferramenta, mas não garante a direção do uso. Enquanto fora escravizado, Bruno abrigava em seu campo astral não apenas um forte desejo de liberdade, como também o desejo de mando, porque era mandado, e isso ficou fortemente impresso no seu inconsciente pessoal, no seu campo astral. Agora cabia a nós modificar essa impressão.

Liberdade, mando, orientação, cooperação, firmeza são um lado do poder, um lado lúcido. À manipulação podemos chamar de lado sombra do poder.

Trabalhamos com Bruno a clarificação do poder: "eu posso para mim, tu podes para ti, ele pode para ele", o que é diferente de: "eu posso para manipular você, tu podes para manipulá-lo", etc.

Via intelecto, eu buscava demonstrar a Bruno que poder e arbítrio acarretam conseqüências. Que sua crença num poder sobre o outro de modo obscuro colocava-o exatamente na freqüência dos manipuladores, não só para manipular, mas para ser manipulado também.

Amadurecer esse conceito fazia parte da cura. Eu posso ajudar, discutir, orientar, mas curar não posso, porque a cura vem de dentro para fora, vem do amadurecimento.

Bruno estava aprendendo que apenas ele poderia mudar o rumo da situação.

Quando reencarnamos, ganhamos um corpo novo, um sistema nervoso 0 km, mas como nosso campo astral é o mesmo, trazemos na forma de tendências e impulsos nossas crenças passadas. Bruno trazia uma frustração enorme... a não-liberdade do escravo do passado queria ser compensada hoje na manipulação, ainda que velada, do outro.

No processo de crescimento, aprendemos superando frustrações e ganhamos espaço. A criança aprende assim: quer um brinquedo, ganha e fica contente. Quando não ganha fica frustrada, chora, faz birra e vai adiante, ou empaca no mimo.

> *– E o que isso tem a ver com o caso de Bruno?*
> *– Alcli, o processo da frustração é o mesmo para todos, quer sejamos crianças ou adultos. E a frustração pode estar localizada num tempo presente ou num tempo passado, mesmo de outra vida, e aparece em forma de tendências, lembra-se?*
> *– E daí?*
> *– Querer mandar, ter poder é uma "tendência" dele, que vem de longe. E a frustração, ou seja, uma vontade não satisfeita gera uma necessidade no ser, o que se constitui numa razão sufi-*

ciente para descobrirmos e mobilizarmos novos recursos de nossa própria capacidade.

– Explique melhor.

– Pense que você quer um carro novo, (Bruno, quando escravo, queria uma situação nova), mas não consegue comprá-lo. Aí você fica insatisfeito, frustrado (como escravo, ele adquiriu uma frustração), e procura uma outra maneira de comprar o veículo.

– Começo a entender...

"Outro jeito" é mudança, "outro jeito" é criatividade, é crescimento. Observe que o desejo de mudar está baseado no fenômeno, no fato da insatisfação.

Você junta mais dinheiro ou busca um financiamento, ou dá seu carro como parte de pagamento, ou vai ao banco ou... ou, enfim, você cria outras opções, portanto, aprende e cresce.

Observe que a necessidade vivida foi razão suficiente para você descobrir e mobilizar novos recursos da sua própria capacidade. Esse é o lado lucidez.

Bruno trouxe, ao renascer, núcleos de insatisfação no seu campo astral. Ao reintegrar a plenitude de seu campo mental (vinte anos, mais ou menos), vai mobilizar recursos da sua própria capacidade.

Sua inteligência, que é voltada à manipulação do ambiente, das pessoas, sempre dá "um jeito" (criatividade) de conseguir o que quer.

Vejamos: para não nos frustarmos, o que é uma experiência desagradável, desde criança aprendemos a manipular o ambiente. Em vez de usarmos nosso potencial criativo para nosso crescimento, para termos maior lucidez, ampliarmos nossa capacidade de buscar um número maior de respostas, de escolhas, um treino maior de habilidades diante da vida, usamos nossa inteligência para controlar o mundo.

Manipulação, o controle do outro, é uma característica de neurose.

– Neurose? O que é?
– É o não crescimento de uma parte da personalidade.
– Isso quer dizer que, "crescendo" a personalidade acaba também o processo obsessivo de Bruno?
– Bravíssimo! Centrando a personalidade de Bruno, eliminamos a tomada, e sem "tomada" não há plug que faça o mecanismo funcionar. Para fazer um rádio funcionar é preciso ligar o plug numa tomada.

À medida que a pessoa desenvolve meios de manipulação, adquire o que a bioenergética chama de caráter, ou seja, nós energéticos, bloqueios energéticos.

– Bloqueios energéticos?
– Imagine a mangueira do jardim com a torneira aberta. Espera-se que a água saia lá na outra ponta e regue o jardim, para que ele floresça. E se dermos um nó na mangueira, o que acontece?
– Pára de sair água lá na ponta.
– Além de não regar o jardim, e conseqüentemente faltar água para as plantas, ainda a mangueira tem que resistir à pressão da água causada pelo nó, o que acarreta um ponto de tensão e desgaste. Entendeu?
– Entendi.
– Agora, transfira isso para os campos que constituem o ser. Transferiu?
– Mais ou menos.
– Você consegue ter uma noção aproximada do quanto se tensiona, se bloqueia por dentro? Quanto maior, quanto mais forte o nó, maior será o bloqueio, e menos você usará seu potencial. Faltará energia adiante do bloqueio,

tanto quanto faltará água adiante do nó na mangueira.

O mecanismo da manipulação está entranhadíssimo na nossa cultura:

- o filho lisonjeia o pai porque quer...;
- o "amigo" não descola porque o companheiro lhe dá carona;
- a moça engravida para pressionar um casamento que ela julga interessante;
- a mãe da casa, controlando todas as atividade domésticas, arranja uma forma de ter poder sobre as rotinas de todos os familiares;
- o pai da casa só dá a mesada como uma forma de conseguir obediência;
- o dono da empresa oferece um suborno para obter favores;
- o funcionário esconde informações dos colegas de trabalho para ser reconhecido pelo chefe;
- a moça exibe o namorado como um troféu para ganhar prestígio na turma;
- finjo concordar com o que discordo;
- finjo que não entendo quando me convém;
- faço-me de burra, desamparada.

O processo de manipulação é vivido da seguinte forma: você usa alguém para conseguir algo e não diz isso claramente. É algo que gira em torno de usar o outro como se fosse uma coisa.

A manipulação vai ocorrendo numa relação na medida em que as pessoas têm dificuldades de assumir, de trazer à tona aquilo que querem, aquilo que buscam ou pensam.

Lembra-se das necessidades? A pessoa tem algumas necessidades e busca satisfazê-las de uma forma não adequada ao seu grau de desenvolvimento.

Aprendemos a manipular na infância com os mais velhos, que nos diziam: "se você me der um beijo eu lhe dou um bombom!", e passamos a reproduzir o modelo, que vira um hábito.

– Ah! Então eu não posso pedir favores aos outros?

– A questão não é solicitar um favor ou uma ajuda, mas usar o outro de uma forma velada. Muitas vezes ouvimos a expressão "chantagem emocional" querendo dizer que alguém lançou mão de um recurso em paralelo para alcançar um objetivo.

A manipulação é o uso do poder de forma inadequada; é utilizá-lo como um instrumento de levar vantagem.

O manipulador busca obter alguma coisa do outro sem levar em conta a clarificação ou a vontade do outro. Não é uma troca justa, é uma negociação fraudulenta, que pode ocorrer entre familiares, nas empresas, nas escolas, etc.

Com a finalidade de manipular as situações, a pessoa se torna louca por controle, por poder, premedita as situações. Calcula tudo, espera uma oportunidade adequada, usa variados tipos de truques.

– É o lado mediúnico da situação?

– Pessoas loucas por controle (neuróticas) fazem sintonia com mentes controladoras (também neuróticas), e acabam sendo controladoras. O peso da neurose de Bruno mais o peso da neurose do obsessor era muito grande para a personalidade "do menino". A sintonia e a atração têm como base a crença.

Minha função junto a Bruno era ajudá-lo a compreender a situação pela qual passava, ajudá-lo a trazer a inteligência para a consciência.

E a compreensão não é teoria, não é ouvir com os ouvidos e memorizar o conteúdo ouvido, não é ouvir com o intelecto. É a compreensão do como, de que a dinâmica que o mantinha preso é que promoveria sua recuperação. No caso de Bruno, entender que tudo não passava de uma ilusão. A insanidade, no caso, era assumir a fantasia de poder sobre o outro como sendo real.

Antes de cada encontro com Bruno eu fazia uma oração: "Pai, inteligência suprema, ajuda-me a ajudá-lo, aclara nossa percepção na abrangência dos aspectos envolvidos: Amém!"

– Que oração esquisita... Mas, vinda de você...
– Alcli, nem te ligo! Vou continuar rezando como sinto, conversando com a Divindade do meu jeito, vendo-O com meus olhos e pensando Nele em termos de inteligência absoluta; ao menos por hora.
– E Bruno?
– Caminhamos, discutimos, trocamos sorrisos, abraços, esperanças, exercícios bioenérgeticos durante um ano aproximadamente. As doses dos medicamentos foram diminuindo, até restarem apenas um dos cinco remédios iniciais, como manutenção, que por conta e risco da juventude, ele abandonou sem o consentimento médico.

Num dia de retorno ao médico Bruno avisou-o que há algum tempo já não fazia uso de mais nenhuma droga. Disse-me Bruno que o médico fez a seguinte advertência: "Vamos observar; se não houver necessidade, deixamos como está, sem medicamentos; se observarmos qualquer nuvem no horizonte, mudamos a tática".

Bruno voltou aos seus estudos, esportes e vida social. Outro dia encontrei-o com uma namorada a tiracolo. Li no seu rosto: naturalidade; li no seu sorriso: progresso; li no seu olhar: fé.

Espero ter lido tudo corretamente. Foi muito gratificante pra mim ter participado e aprendido com Bruno e dona Mãe.

– E dona Mãe?

– Como todas elas, está enamorada de "seu menino".

Ela já havia cruzado antes, bem antes, o caminho dele: quando ele foi escravo, ela era a senhora do sítio local. Ela, na época, parecia a Bruno mais uma visão inatingível que uma pessoa real. Tudo que ele mais almejava na época era um sonho impossível: que ela fosse sua mãe.

Não estou bem certa se o impossível existe. Hoje Bruno é filho de dona Mãe. Não importa o que fomos no passado, a transformação mora num tempo chamado presente.

– Pelo que eu entendi, se não houver manipulação não há obsessão.
– Nesse caso de Bruno.
– Ah! Pensei que fosse sempre assim.
– Não! Não é sempre assim, Alcli. Cada caso é um caso, porque cada pessoa é um processo diferente.
– Mas obsessão é sempre obsessão.
– Obsessão, Alcli, é um substantivo feminino de origem latina que significa: ato ou efeito de importunar excessivamente, de preocupar-se excessivamente, de aborrecer, de perseguir, de influenciar, de perturbar, de atormentar excessivamente.
– Mas, então, um obsessor não é necessariamente um ser extrafísico!
– Eu nunca disse que obsediar a outro é atributo apenas de entidades extrafísicas. Qualquer um que o aborreça, que o perturbe é um obsessor, quer seja encarnado ou desencarnado.
– Mas o termo é mais usado quando se refere a uma entidade extrafísica.
– Quando se fala de processo obsessivo, habitualmente se pensa num algoz desencarnado e numa vítima encarnada. Essa é uma forma de

pensar pré-estabelecida, onde se perde um item de suma importância no processo de cura: a responsabilidade do obsediado.

Mediunidade só funciona por sintonia. É justamente na sintonia que o fenômeno ocorre. O campo mental é um radar de sintonia, é um *dial*, liga o campo astral próprio ao dos outros. E na sintonia não há vítimas, há atitudes compatíveis reciprocamente.

– Por favor, explique-me.

Tenho encontrado casos e mais casos de obsessão que começam a se instalar devagar, que começam com o fato de não darmos importância a pequenas coisas. Quase sempre a sugestão começa pela hora vazia, aquela hora não aproveitada, aquela em que você começa a criar um conceito ruim sobre si mesmo: quando se sente inadequado, acha que não tem competência para resolver a situação, que não tem saída, que não há mais opções; quando cultiva a vítima em si. Há uma longa lista exemplificando que todos têm uma mesma sinalização: baixa auto-estima. Essa é justamente uma boa brecha mental.

– Mas não me pareceu que, com aquela descrição de um quase deus olímpico, Bruno tivesse baixa auto-estima.
– Só recorre à manipulação quem não tem coragem de enfrentar a situação. Explicado?
– Fale da brecha mental.
– A brecha mental não é nem mais nem menos que uma ligação neurótica. Não pense que porque você foi ao centro e lá se fez um trabalho de desobsessão está tudo em ordem. Não está!
– Por quê?
– Porque você até consegue afastar o obsessor, o que não garante que ele próprio ou outro não se

aproxime novamente. Mais que afastar o falso vilão, é preciso fazer aquela famosa "reforma íntima".

– E como se faz a reforma íntima?

– Reformulando o íntimo, o psiquismo, centrando a pessoa na sua própria natureza, na reconquista da auto-aceitação, na busca da auto-responsabilidade, no encontro da auto-afirmação, na atitude da integridade pessoal. É assim que vamos tapar a brecha e fortalecer a estrutura da personalidade. E isso não se faz com aplicação de Reiki ou passe.

– Você é uma herege!

– Não, sou apenas lúcida. Alcli, se doar energia para o outro acertasse tudo, iríamos ao Carandiru, o presídio, doaríamos energia a todos os presos e estaria resolvido um grande problema social. Mas você e eu sabemos que não é assim.

– Ah! Mas ainda a vejo como herege!

– Cada um vê com os olhos que tem, mas você e eu sabemos que ajuda é ajuda; e cura é outra coisa, e vou continuar insistindo: se enviarmos energia através de qualquer técnica, desde a cura prânica até o benzimento para a plantinha do vaso, mas não lhe dermos Sol, ar, terra e água...

Você não pode querer substituir a ajuda exterior pelo crescimento interior. Isto não é heresia, é clareza de raciocínio.

Reformulação, refazimento, reestruturação ou crescimento requerem a participação da pessoa.

Com Bruno, Amélia ou Nair foi preciso, além de todas as ajudas ofertadas – técnicas de captação energética, dos passes, dos relaxamentos, meditações, bioenergética –, a conscientização. Busco essa conscientização dos alunos através de aulas, encontros, vivências, visando atingir o sistema de crenças de cada um para modificá-lo e restituir sua estima em si próprio.

> *– É nisso que eu acredito, Alcli. Corrigindo, é nisso que eu escolho acreditar, nesta etapa do caminho.*
> *– Por que "escolho acreditar"? Parece que está escolhendo feijão.*
> *– Bravo! Estou escolhendo uma crença exatamente como quem escolhe feijão. Você não se esqueceu de que a crença é livre, não? Se há um lugar onde sou absolutamente livre é dentro de mim. Pense na Estátua da Liberdade, lá no alto, com uma tocha acesa acima da própria cabeça. Que lhe sugere? Até que uma idéia mais abrangente e nova luz se faça sobre o assunto, para mim o óbvio é que mediunidade harmônica está de mãos dadas com personalidade bem ajustada.*
> *– E podemos mudar nossas crenças?*
> *– Todas as que você quiser, mas antes é preciso levantar uma questão: você quer mudar alguma crença? Se a resposta for sim, vamos em frente.*
> *– E se a resposta for não?*
> *– Nada há que possa ser feito, a não ser esperar que o outro amadureça, que tenha prontidão; não ensinamos o recém-nascido a ler, ele não tem maturidade para isso.*

Mudando Nossas Crenças

O sistema de crenças é o núcleo da sua personalidade. Você elabora seu sistema de crenças, principalmente na infância, quando aprende a cultivar valores familiares, da escola, da igreja, mas não só, porque o processo de aprendizagem está disponível para todos, independentemente de idade, sexo, condição econômica...

> – *Ah! Mas quem não tem dinheiro não estuda!*
> – *Observe como a crença é livre, Alcli. Você está como um papagaio repetindo uma crença adquirida alhures. Não é o que eu creio.*

Houve uma época em minha vida que minha "santa mãe" me chamou e disse: "Agora Cida, você precisa parar de estudar, não temos mais recursos".

Eu, lá dentro, pensei: a Cida, enquanto filha, pode parar de estudar, porque a família não dispõe de recursos, mas a Maria Aparecida, pessoa, vai conquistar recursos para estudar o que quiser e o quanto quiser. Senti que não precisava acalentar a crença da minha "santa mãe". Eu escolhi acreditar em outra coisa, escolhi acreditar diferente dela. Nesse momento eu estava nascendo em mim, rompendo cordões (umbilicais) psíquicos, me assenhorando do meu sistema de crenças, do meu carma; isso ficaria mais claro futuramente (a relação crença-carma). Naquele momento ficou muito claro:

A dependência diminui a qualidade de vida.

As pessoas mais contentes, mais realizadas que conheço, são aquelas que apresentam um mais acentuado grau de auto-suficiência.

Continuo acreditando, hoje, como já acreditava naquela época, que é maravilhoso cada um de nós aprender tudo que quiser. As crenças são trocáveis, mas trocá-las ou não depende da opção de cada um: crença boa, que me acrescenta, eu conservo; crença sufocante, que me causa desconforto, eu descarto.

Assim, as coisas das quais você gosta e aquelas das quais não gosta estão atreladas ao seu sistema de crenças.

Suas crenças pessoais são unicamente suas. E na maior parte das vezes, são tão consideradas, tão levadas a sério que você nem tem consciência delas.

Cada ação, cada comportamento (fazer), cada palavra (expressão... personalidade), cada atitude (intenção), cada emoção (campo astral), cada pensamento (campo mental) é resultado direto do seu sistema de crenças.

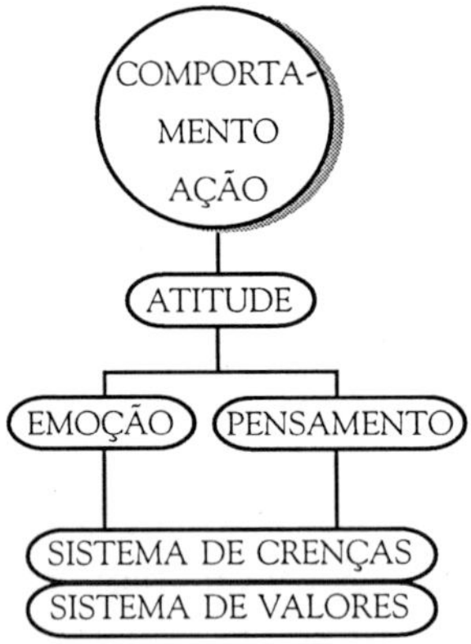

Há pessoas que, mesmo levando uma vida miserável, mantêm uma crença aprendida há muitos anos, na infância.

Tive algumas alunas que, quando pequenas, aprenderam que:

- as mulheres devem ser sustentadas;
- devem cuidar apenas da casa;
- o homem é o chefe da casa;
- a mulher deve obediência ao marido;
- é bom ganhar menos que o marido;
- é preciso agradar a todos;
- para ser amada é preciso ser sempre muito gentil;
- o casamento é indissolúvel.

Uma delas queixava-se do marido que bebia, que fazia arruaça, que assustava as crianças, que isso e mais aquilo, um mar de lamentações. E que certa vez ela resolvera deixá-lo.

"E para onde você foi?"

"Fui para a casa do meu irmão."

Essa aluna fora "educada" para ser dependente primeiro do pai, depois do marido, depois do irmão. Há uma crença no "devo ser sustentada por um homem".

Quando alojada na casa do irmão, soube que o marido bebera muito e estava destruindo a casa porque ela não estava lá. Ela pegou suas crianças e voltou para casa, para a companhia do marido. Indaguei por que voltara. "Para que ele não se destruísse, nem destruísse literalmente a casa".

> *– Alcli, onde está a crença?*
> *– Na grande heroína, na salvadora do lar.*

Ainda no sacrifício, e indo mais fundo, fomos ver o modelo de mãe, de esposa, de filha, de amiga que nossa aluna abrigava. Seu modelo de feminino tinha crenças fortíssimas no sacrifício.

E no decorrer de nossos encontros, foi ficando claro que nossa aluna, dona Heroína, não buscava mudar a si própria ou a sua vida, mas esperava que o marido mudasse para que a vida dela mudasse.

> *– E isso está certo?*
> *– Não para mim. Mas não posso julgar ou escolher para o meu aluno. Posso apenas mostrar,*

até onde ele me permitir, aquilo que não conseguiu ver.

Essa crença – quero que o outro mude – muitas vezes é falada, outras vezes é camuflada, mas acontece assim: se ao menos meu irmão não bebesse, se minha filha cooperasse, se minha sogra não viesse...

Então, minha aluna gasta uma energia enorme, esperando, desejando, torcendo, queixando, falando no ouvido do marido o que ele deve ou não fazer, como mudar o comportamento, como mudar o pensamento, sendo que ela própria continua vivendo numa interminável frustração, na medida em que não abre mão do seu sistema de crenças. "Já disse a ele mais de um milhão de vezes o que ele tem que fazer, mas ele não me ouve".

Voltei meus holofotes para o sistema de crenças dela. Lembramos que:

- ninguém muda ninguém;
- consciência não é artigo de empréstimo;
- ninguém amadurece a golpes de palavras;
- quando esperamos algo do outro, podemos nos desapontar;
- as coisas são como são;
- fantasiar o outro é uma ilusão;
- insistir no erro e continuar na espera só reforça a frustração.

E rumamos para a questão básica: será que ela, dona Heroína, queria mudar suas próprias expectativas? Tomar conta de si própria ou ser comandada por um alcoólatra?

– Ah! Aparecida! Coitado, isso é carma!
– Depende! Entendo carma como um conjunto de crenças, e como as crenças são magnéticas, atraem situações. Mas aqui está o ponto de conexão, uma vez que

As crenças são patrimônio da personalidade.

Dona Heroína não me pareceu disposta a descartar sua crença sobre carma-marido-bebida. Ela tinha vindo para uma clínica esperando um trabalho mágico de desobsessão à distância para o "acompanhante" que induzia o marido a beber, e eu, uma simples mortal, que nem "incorporada" estava, vinha interferir no seu sistema de crenças...

Quando criança, ela, como nós, havia sido educada no sistema: "não pensou como eu penso, está errado".

A maioria de nós foi educada acreditando que nossa infelicidade tem um culpado, que deve mudar sua maneira de ser para que fiquemos felizes. Poucos foram, na infância, treinados a perceber que cada um constrói sua vida de modo agradável ou desagradável, pois poucos vieram de lares felizes e bem ajustados. Aprendemos a depender dos outros, nos damos o direito de acusar o outro quando as coisas não vão do jeito que gostaríamos que fossem.

Esse é um padrão de crença que nos foi doado na infância.

Cabe, hoje, a nós mesmos, perceber se abrigamos crenças que nos favorecem ou nos dificultam a vida. Acreditar que vou conseguir recursos e estudar é uma crença positivadora; acreditar que outras pessoas são responsáveis por mim é uma crença devastadora.

A crença é o portal da realização

> *– Acreditar que outras pessoas são responsáveis pelo que sentimos é uma crença errada?*
> *– O que lhe parece? Você pode experimentar mudá-la se sua vida não é tão boa quanto você gostaria.*

Veja, você não vai sair mudando o sistema de uma vez, há muita coisa aproveitável dentro dele, graças a Deus: crença no trabalho, na realização; lazer é um benefício, tecnologia ajuda meu trabalho, os hábitos higiênicos...

Temos uma montanha de crenças saudáveis e algumas insalubres, mas só vamos pensar em mudá-las se tomarmos consciência delas. Muitas foram apropriadas para a época em que nos foram ensinadas. A mãe ensina o pequerrucho a não tocar o forno, no ferro de passar ou na tesoura, pois para ele representam perigo. Não faz sentido, aos vinte anos, ele ainda abrigar essas crenças.

– Sempre é difícil mudar as crenças?
– É fácil substituí-las quando você vê uma vantagem, um proveito, um benefício com a mudança. Foi difícil trocar a TV em branco e preto pela colorida? Ou o long play pelo CD, o forno a lenha pelo a gás... pelo eletrônico? Mas há crenças que a pessoa cultua apesar da dor, do desconforto que causam.
– E por que cultivam, se doem?
– Quer porque não antevejam resultados mais favoráveis, quer por condicionamentos arraigados no inconsciente, crenças que por vezes se arrastam durante várias existências. A isso chamamos carma. Mudou a crença, muda o carma. Deus não é sádico, não é vingativo e não cobra nada, apenas dá tantas oportunidade quantas você precisar para que você aprenda.
– E por que Ele quer que eu aprenda?
– Não sei! Pergunte a Ele. Eu sou uma professora, e falar de aprendizagem com professor é chover no molhado. O professor, por natureza de seu ser, crê na aprendizagem, na conscientização, na busca e aplicação que transforma o conhecimento em sabedoria.

A pesquisa, a busca de informação gera conhecimento. O uso do conhecimento adquirido é sabedoria.

– Então, tanto para positivar ou negativar uma atitude, o sistema de crenças é poderoso.

– Embora não haja dois sistemas de crenças iguais, o sistema em si é decisivo em minha vida. É como se ele fosse a torneira da energia que rega o jardim da realização.

Crença positiva: põe a energia no ativo, na ação. Crença negativa: nega a energia, nega a ação.

Murilo quebrou o vaso da sala e levou uns safanões por isso. Na semana passada não resistiu e se apossou de uma nota que estava sobre a geladeira, saiu e comprou dois sorvetes na padaria. Tomou-os na praça. Quando indagado se pegara o dinheiro, lembrando-se dos safanões anteriores, negou. Murilo fez o seguinte raciocínio: mentir torna a vida mais fácil.

Essa crença vai determinar um comportamento.

Mais tarde, o pai de Murilo foi à mesma padaria e o sr. Pedro, o caixa, recordou-se que Murilo esquecera o troco. Depois de cobrar o pai da compra, devolveu-lhe também o troco que o menino esquecera ali quando comprara os sorvetes.

O pai voltou e chamou: "Murilo!!!"

Então Murilo descobriu que a mentira podia causar problemas maiores ainda. Ficaria sem mesada nesse mês. Numa outra oportunidade seria melhor evitá-la. Murilo entendeu que era mais proveitoso mudar sua crença.

Tenho um aluno adulto que costuma mentir porque acredita que é uma boa forma de evitar situações desagradáveis. Claro que ele investe bastante no aperfeiçoamento desse instrumento. Está se tornando um "master" no assunto. Ele crê na mentira como uma boa amiga, como uma técnica produtiva.

Essa atitude o coloca na faixa daqueles que também crêem na mentira, o que o colocará fatalmente no astral dos mentirosos.

Do ponto de vista da sintonia, ele se colocou no bloco dos "Unidos da Mentira". Resultado:

- está sempre desconfiado dos outros;
- não confia na vida;
- está "sempre alerta" para não ser enganado.

Vive projetando nas outras pessoas a crença que abriga em si próprio; quando suas mentiras são descobertas, as pessoas se afastam dele.

Seu astral vai baixando o nível, sua vida perde qualidade.

É a esse cenário vibracional, que é elaborado pela personalidade dele, que se acrescenta o sentido da mediunidade. Com uma personalidade que abriga essas crenças, meu aluno faz contato mediúnico com quem? Com os amantes da verdade? É pouco provável.

Laura | M | N

IDADE: 36 anos
PROFISSÃO: professora
ESCOLARIDADE: 3º grau
SITUAÇÃO: perturbações noturnas; filha doente; irritabilidade.

Laura me procurou relatando suas perturbações noturnas: não dormia bem, acordava sobressaltada, idéias aterradoras a visitavam... já tinha feito tratamento de passes, de desobsessão, melhorava, mas passado um tempo a situação voltava.

Fomos clarificando cada item:

O passe é uma ajuda de caráter externo, vem de fora. Consiste numa transmissão de energia feita através de uma outra pessoa. O passe ajuda a aliviar aquelas energias que as nossas atitudes vêm criando. Com nossa forma de pensar, sentir e agir, criamos e nos colocamos em contato com energias de angústias, tristezas, mágoas, que são energias de baixa freqüência vibratória, e o passe faz uma limpeza nisso. Limpar um resíduo, uma sujeira é diferente de deixar de produzi-la.

Essas energias causadas pela preocupação com a saúde da filha, pela irritabilidade, pela falta de paciência, pela insatisfação com a própria situação, pela valorização do próprio sofrimento, pela cultuação da vítima em si são energias mais densas.

Essas energias mais densas acabam danificando nossos centros de forças, os canais energéticos (os chacras), e a aplicação do passe, além de fazer a limpeza energética, estimula a atividade desses centros, que por sua vez, ativam nossos plexos no corpo físico. E a aplicação de passe ainda retira do campo áurico aquelas energias improdutivas que tiveram origem em nossa própria atividade mental e servem de ganchos para energias do mesmo teor, permitindo que se acoplem a nós, causando processos obsessivos.

O passe atua como uma injeção energética. O passe ajuda, mas não cura. A cura é um movimento de dentro para fora.

Há casos de pessoas que, depois de um tratamento de passes, que é um tratamento mediúnico que retira aquele excesso de energia mais claro, reagem tão bem que aquilo não volta mais.

Observe que a melhora não se deve apenas aos passes, mas principalmente a nossa reação frente a situação. O passe atua tirando o excesso de perturbação que acumulamos, mas as perturbações são causadas pela nossa maneira de viver e de pensar. Se não atentarmos para isso, para nossa forma de ver o mundo, de compreender as situações, ficaremos sempre na dependência de alguém que nos aplique passe, Reiki, cura prânica, jorei ou outra ajuda qualquer.

A cura tem o comprometimento do doente, implica numa reorganização de valores e crenças que estão servindo de base para sua maneira de pensar e agir.

É claro que a ajuda do passe alivia o seu processo, mas não causa restauração na sua personalidade, na sua forma de pensar, em suas atitudes.

> *– É por isso que ela disse que melhorava algum tempo, mas depois voltava à situação?*
> *– Estamos aprendendo a trabalhar com nossos mecanismos interiores, e isso requer boa vonta-*

de, conhecimento e treino. Uma crença boa de ser mudada é essa que Laura carrega há muito tempo: "vou buscar cura na farmácia, no consultório médico, no centro espírita, na umbanda..." É por isso que não encontra, porque está procurando em lugar errado. Todos podem ofertar ajuda, mas comprometer-se com a cura só ela pode. O corpo saudável é parte de um processo. Você já ouviu algo assim: "mente sã em corpo são"? Eu tenho um amigo espiritual que diz que o corpo é o retrato da mente. Algumas crenças não são fáceis de eliminar, porque seus donos as defendem, as valorizam.

– O que é valor?

– Quando você vai ao supermercado, faz suas compras e paga com um dinheiro, com um certo valor. Você dá uma certa importância em pagamento. Valor é a importância que você dá às coisas.

Vamos observar este diálogo:

"Eu gosto de frutas no café da manhã, mas meu irmão prefere ovos mexidos com bacon."

"Fritura? Logo cedo? Me enjoa só de pensar..."

E este:

"Nós devíamos ter eleito o adversário como presidente da República."

"Que foi? Comeu cocô? De onde você tirou essa idéia?"

Ou ainda:

"Gosto de assistir no cinema os desenhos da Disney."

"Que perda de tempo! São coisas para crianças, e você já tem mais de cinqüenta anos."

Valor é a importância que damos no pensar, no sentir, no agir.

Escolhemos o que pensar, o que falar , o que comer, o que vestir, com quem sair, a quem visitar, onde vamos passar as férias, onde vamos trabalhar, como vamos agir, segundo nossa escala de valores.

Desde as críticas ao editorial da manhã até o vestido de noite que uso, tudo, absolutamente tudo, está atrelado a minha escala de valores, às minhas crenças, quer eu esteja atenta a elas ou não as perceba com clareza.

O valor que assumo rege meus movimentos. A crença que abrigo indica o rumo dos meus passos.

Discordamos de pessoas cujas opções são diferentes das nossas e habitualmente atraímos aquelas cujas crenças abrigam valores semelhantes aos nossos. É desse modo que formamos clubes, igrejas, partidos políticos. Às vezes observamos as preferências religiosas, musicais ou de amizades de nossos vizinhos, e como somos "gente fina", damos a eles o direito de viver como bem entendam. Adotamos o "viva e deixe viver", mas lá no fundo admitimos que nossas crenças, nossos valores são os mais sensatos.

Valores são forças determinantes do modo como escolhemos conduzir nossa vida. E nem sempre nos é tão claro que nós mesmos escolhemos nossos valores.

Eu é que escolho a crença que quero valorizar. Esta é uma descoberta e tanto. Lembre-se: carma são crenças que carrego desde... se mudo a crença, mudo o carma. Pense nisso:

Crença é a chave da mudança; é a chave do carma.

À medida que for assimilando esta idéia, você sentirá sua profundidade. A informação apenas não leva a nada, é preciso muito mais: experimentar... praticar... viver. E pense mais: a crença é absolutamente livre.

Quando você muda a crença, muda o valor que aquilo representa para você. Na infância, o carrinho de pilha do menino era algo de suma importância, de grande valor. Hoje o menino tem quarenta anos e a mercedes é mais importante que o carrinho de pilha.

Mais do que qualquer outro elemento num processo educacional ou terapêutico, as crenças constituem a raiz da mudança.

Nada muda se as crenças não mudarem.

– Crença e valor são um par constante?

– Você não crê em algo que não valorize. Crença é fé, é habilidade, é capacidade de materialização. Valor é importância, é aquela idéia na qual estou disposto a investir meu recurso.

Observe os comentários:

"Ah! Para chegar hoje aqui, precisei dar uma grande volta, o rio transbordou, o trânsito ficou difícil, ninguém andava..."

"Ah! Mas pelo caminho que eu vim estava pior, tinha uma árvore caída e a água… e o carro… e... e... e."

– O que eles estão valorizando, Alcli?
– A dificuldade.
– Então, pela nossa atitude de valorizar, de dar atenção à dificuldade, lançamos nosso convite para que ela se aproxime de nós...

Eles acreditam (crença) na dificuldade (valor).

Crenças estão ligadas a valores. Cada uma das suas crenças está ligada a um certo valor, muitas vezes até inconsciente; e nossas atitudes apóiam-se em nossas crenças.

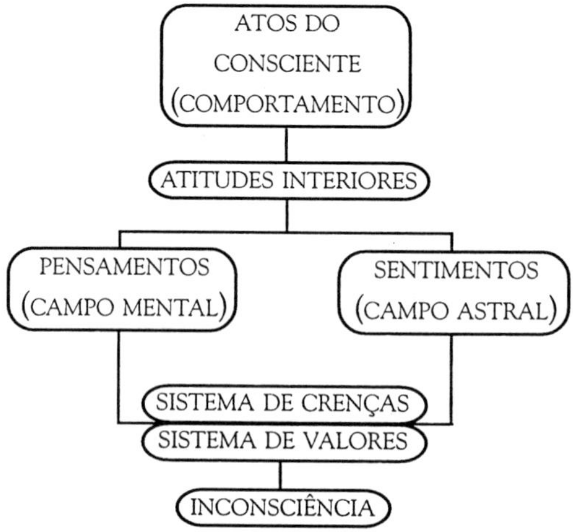

Quando crianças, inconscientemente assimilamos as crenças, os valores que nos foram apresentados. Lembre-se de alguns: "Dinheiro não dá em árvore..."; "A vida é dura..."; "Depois da tempestade vem a bonança...".

Podemos escolher abrigá-las ou descartá-las, dependendo da sua serventia.

> *– E como posso descartá-las?*
>
> *– Como você já notou, antes de mais nada é preciso querer. Alguns querem mudar porque compreenderam que deve haver uma forma melhor de administrar a vida, mas a maioria dos meus alunos só "compreendem" depois de terem levado muitos solavancos da vida; vêm esfolados, machucados, buscando respostas. As machucaduras foram a técnica que a vida usou para sensibilizá-los. Estão prontos para a mudança de crenças errôneas ou valores inadequados.*

Fazemos juntos o garimpo das crenças: esta serve, esta não serve, esta serve, esta não serve. É aqui que a formação, o conhecimento da técnica, o profissional qualificado para dar uma ajuda psico-pedagógica faz a diferença. Aqui ajudamos a personalidade, que dá sustentação à mediunidade. Coisa que o centro espírita, na maioria das vezes, ainda não faz. E isso não é uma crítica, é uma constatação.

Um profissional qualificado é de grande valia no auxílio ao reajuste de nossa personalidade. Sobre uma personalidade desfocada, descentralizada, a mediunidade toma rumos patológicos também.

O garimpo das crenças só é iniciado quando a pessoa desperta para novas facetas da realidade, quando começa a perceber que o sapato que usava na infância ficou pequeno porque o pé cresceu, e que precisa adquirir sapatos mais amplos para pés maiores; manter sapato pequeno em pés que estão crescendo é contraproducente, além de poder causar deformação do pé. Há uma decorrência enorme a partir daí... a pessoa tem dores, não consegue apoiar-se corretamente, a locomoção torna-se mais dificultosa, e por aí vai... O mesmo processo é válido para aquelas idéias, aquelas crenças, pensamentos que já não são mais adequados a nós, que estão pequenos, que estão como uma fôrma apertada, tornando desconfortável minha vida.

Adoto algumas técnicas para facilitar a compreensão do meu aluno, para que ele possa reconhecer o seu sapato apertado, ou seja, algumas crenças que não são mais necessárias e, portanto, podem ser substituídas.

Lançamos olhares para seu interior: vasculhamos as aprendizagens do seu período de maior vulnerabilidade, geralmente a infância. Impressões que temos da mãe, do pai, irmãos, pessoas do nosso convívio, críticas e elogios recebidos, a brincadeira favorita, a história favorita, a parte mais interessante, o personagem mais atraente.

> *– E por que isso é importante?*
>
> *– Porque essas observações vão me remeter à escala de valores do meu aluno, Alcli. Você sabe que a vida é como nós a percebemos. Assim, as impressões que guardamos de nossos familiares mostram a estrutura de nossa personalidade.*

Às vezes meu aluno me diz: "Minha mãe era uma sensível artista plástica..."; "Meu pai era autoritário."; "Meu irmão era sempre capaz de agir como queria." (interpretação: eu nunca agia como queria); "Minha prima era vista como a mais inteligente." (interpretação: eu, menos inteligente); "Lembro-me mais de críticas e quase nunca de elogios".

As imagens que ficaram da infância formam um quadro que nem sempre é verdadeiro. Mais de uma vez já ouvimos aquela história de que Einstein fora reprovado em Matemática quando estudava.

Formamos uma idéia de nós mesmos a partir da opinião alheia; "Quando meu pai esperava que eu fosse muito ágil no esporte e muito brilhante na escola", dizia meu aluno, "e eu não tinha aquele desempenho nota 10, ele me via como menos, e eu também".

Somos mais capazes na área que gostamos, e não naquela que os outros elegeram para nós, assim como nossa tendência é nos afastarmos de atividades que nos desagradem; mas isso não tem a ver com a dose real de nossa inteligência. "Eu nunca agia como queria" é uma frase que fala da insatisfação consigo próprio, de um sentimento de inadequação.

"Minha prima era vista como a mais inteligente"; de novo alguém levou a melhor. Quem cresce sentindo-se menos, fica com uma imagem pequena de si próprio; quando pensa em si, pensa como menos, cria uma energia de "menos" no seu campo astral, que é o campo do sentimento, e a partir daí cria um espaço para "os menos" se aproximarem.

Quando indagado sobre que animal gostaria de ser, meu aluno respondeu: um cão. E não me surpreendeu que ele quisesse ser um cão, uma vez que, no seu entender, "cachorros são amados, seus donos os alimentam, tratam e os acariciam, e também eles não têm responsabilidades".

Na sua percepção da vida está estampada sua solicitação, a maneira como gostaria de ser tratado. Ele se projeta no cão. Ele queria ser cuidado amado, alimentado e mimado.

> – *Que bicho você escolheria, Alcli?*
> – *Um leão!*
> – *Por quê?*
> – *São bonitos, fortes, obedecidos. Um leão é considerado um rei. Ninguém se mete a besta com o leão.*

Quando percebemos nossos pontos fracos ou certas circunstâncias que explicam algumas características de personalidade, ou notamos comportamentos inadequados que temos e não queremos ter, é bom olhar para trás e ver como os fatos passados nos inspiram a tomar decisões com as quais ainda convivemos; somente quando você não quer mais permitir-se permanecer preso a velhos padrões que agora são vistos como destrutivos ou inadequados é que se sente motivado a mudar.

Se nossos educadores tivessem nos orientado no rumo da aquisição de habilidades, do uso do próprio poder de nossas forças interiores, teríamos crescido com vistas a discutir as situações, a questionar crenças e valores. Mas você pode decidir garimpar, escolher aquilo que é mais adequado para você em qualquer momento de sua existência.

Perceba a sensação de poder que você sente quando se permite ir além dos limites impostos.

Mais de uma vez veio um aluno sala adentro e me disse: "Eu vim do interior do estado e lá não havia escola perto... meus pais não valorizavam muito o estudo... etc... etc. Agora eu já tenho quase quarenta anos e não dá mais pra...".

Com essa disposição não é possível mesmo. Colocando a solução ou a ação no passado não é possível, porque não conheço nenhum relógio capaz de fazer o tempo retroagir. Mas qualquer um de nós pode decidir tornar-se dono de si mesmo ou tornar-se responsável por si mesmo a qualquer momento da vida.

Em vez de responsabilizar o pai (às vezes, já falecido) pela falta de estudo, o que funciona é matricular-se na escola.

Se você não teve o pai que queria, teve o pai que merecia.

– Verdade?

– Verdade! Ou você já se esqueceu de que a natureza não erra? Pense no pai que você queria... Já pensou? Então, seja esse pai para você. Cuide-se como você entende que ele deveria tê-lo feito, faça por você aquilo que imagina que ele poderia ter feito. Em outras palavras, mude a crença de que ele deveria ter feito para: eu faço por mim.

– É uma varinha mágica?

– É, é o cetro mágico da ação. Alcli, se você realiza, o universo realiza através de você. Se você presentifica a situação, a necessidade, por

que não presentifica também a solução? Você pode mudar qualquer crença agora, e só no agora. Tudo que meu aluno e cada um de nós precisa é querer mudar, é valorizar a mudança, é acreditar na mudança e investir nela.

– Como?

– Utilizando a coragem, pra começar.

– E se ele não tem coragem?

– Azar dele! Vai precisar desenvolvê-la. Você sabe que não compramos um vidro de cápsulas de coragem na farmácia.

– E o que se faz para desenvolver a coragem?

– Alcli, pense numa escala.

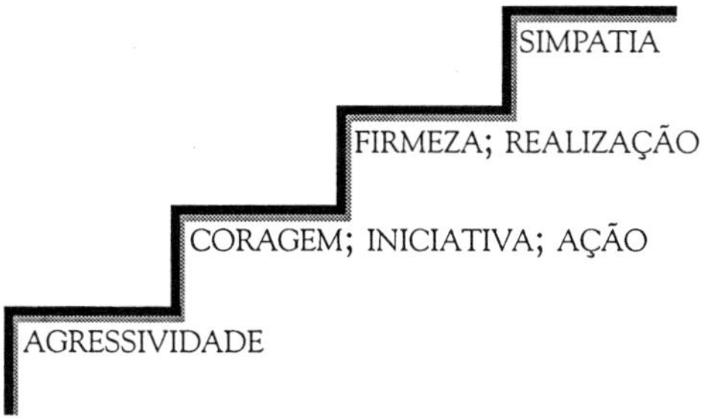

– É uma seqüência?

– É um degradê, sendo a raiva a energia básica.

– Energia básica? Você quer dizer que a raiva serve de base?

– Já disse. Sabe Alcli, precisamos entender que tudo que o "pai do céu", a natureza, o universo ou a vida criou tem uma função. Podemos desconhecê-la, mas, se tem função, é melhor descobri-la.

A raiva existe em todos os humanos. Todos nós já sentimos raiva em algumas ocasiões. Já tivemos vontade de dar uns murros em alguém.

Esse é o lado agressivo da energia: socar, bater, destruir.

Recordo-me, quando eu ainda estava na faculdade, do professor dizendo: "É preciso transcender!", e eu ficava espremendo meus neurônios para entender a tal transcendência... Hoje percebo com mais clareza o que o amado mestre falava: usar aquela energia básica – o impulso da agressividade – de um modo mais humanizado, que funcionasse de uma forma a me beneficiar mais; usar a mesma força, a mesma energia, de outra forma. Pegar o estilete com habilidade suficiente para cortar o papel, sem cortar o dedo. Isso era o transcender a que ele se referia. Desenvolver a habilidade de fazer uso da energia. E habilidade só é desenvolvida através do treino.

Em vez de ficar com raiva por ter que acordar cedo, posso trocar (transcender), posso ter coragem de acordar cedo. Eu não jogo a raiva fora, não nego a raiva, transformo-a em coragem. Se a uso, transformo-a em coragem. Se a nego, se finjo que não fiquei com raiva, se a rejeito, fico com medo. Faço o caminho inverso da transcendência.

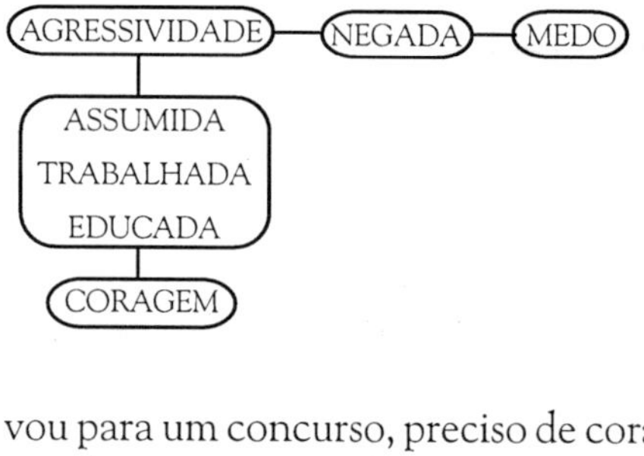

Quando vou para um concurso, preciso de coragem; quando vou para uma disputa esportiva, preciso de coragem; quando meu filho fica doente, preciso de coragem; quando vou dar aula, preciso de iniciativa, confiança. Se eu embuti a raiva, de onde tiro coragem, iniciativa e confiança?

> *– Estou entendendo que a coragem é a parceira educada da agressividade.*
> *– A coragem é a agressividade transformada.*
> *– A agressividade é uma força do ser?*

– É! É dessa força educada como coragem que você precisa para começar a mudar suas crenças. A mudança vem de dentro para fora, e você nem precisa da varinha de condão. Pense em alguma coisa que você queira mudar na sua vida, Alcli... Pensou? O quê?

– Acho que me arriscar mais.

– Lembra-se que você escolheu ser um leão? Talvez você tenha projetado nele a coragem que você busca.

Independente de qualquer varinha de condão, abra seu pote de coragem, tome três goles e tenha coragem de fazer a coisa que você mais teme: arriscar-se: telefonar para, ir em busca de, seja o que for.

Então fica claro que identificar uma situação não significa mudá-la, nem que quero observar as crenças geradoras, ou que valores se relacionam com a situação em questão.

Muitas pessoas atravessam a existência abrigando crenças que as tornam infelizes. Elas têm esse direito, mas é útil observar nossas crenças, nem que seja para decidir conscientemente mantê-las ou não.

Quanto mais claramente observo minhas crenças, mais facilmente posso assumir o leme. Para aquele aluno que disse: "Eu vim do interior... meus pais não valorizavam muito o estudo... agora não dá mais", assumir o leme implicava trocar as crenças: "Meus pais não valorizavam muito o estudo" para: "Eu não valorizo muito o estudo"; "Agora tenho quase quarenta anos e não dá mais" para: "Agora tenho quase quarenta anos e não quero mais".

Ele crê que os pais não valorizavam e não viu que ele próprio também não valorizava. Conduzi-lo do conformismo à ação requer o resgate da coragem, e não há coragem sem raiz na agressividade.

Ele acreditava que "agora, com quarenta anos, não dá mais..."

Perguntei-lhe num dos nossos encontros:

"Por que não dá? Dê-me uma justificativa racional."

"Porque eu devia ter estudado antes..."

"Como 'devia', se você mesmo reconhece que não havia escola nas imediações? Isso é passado, e hoje há escolas nas imediações. No uso do 'eu devia' (pretérito imperfeito), o poder de realização nos é auto-sabotado, porque no pretérito, no passado, ninguém faz nada; só no presente. O 'eu devia' é um derrotado. No 'eu devia' há a perda do poder. O 'eu devia' acarreta culpa e perturbação, consumindo o ânimo, a coragem, a iniciativa, consumindo a garra. Continuo esperando uma justificativa racional."

"Mas agora já estou velho para voltar."

"Troque essa crença. Quem disse que quarenta anos é idade para estudar ou deixar de estudar? Quando você diz 'agora não dá mais' com a conotação de agora não posso, você de novo perdeu o controle, o poder sobre si mesmo. O uso do 'não posso' significa que você perdeu o poder sobre aquele setor da sua vida. Se você disser 'eu não quero', você recoloca a situação sob seu comando, sob a sua vontade, o seu arbítrio, no terreno da opção. Vamos, repita comigo em voz clara, com palavras bem articuladas: 'Eu não quero voltar a estudar'. 'Eu prefiro acreditar que sou incapaz de estudar aos quarenta anos'."

Fez-se um silêncio na sala.

Fiz outra sugestão: "Sei que posso enfrentar a escola". "Sou responsável por mim."

Timidamente ele repetiu. Era um bom prenúncio.

Resumindo: a partir da motivação do meu aluno, há uma substituição de crenças, há a estimulação da coragem para a ação, além da observação de si mesmo, a restauração da autoconfiança e o estudo do fenômeno mediúnico que o trouxe até a escola.

Buscamos, em cada caso, em casa situação, o ponto de conexão entre mediunidade e personalidade. Aprendi isso também com o meu médico.

> *– Ele era espírita?*
>
> *– Não sei. Ele sempre dizia que não tratava da doença, mas do doente. Meu professor falava que antes de pensar no conteúdo programático do*

curso, era preciso pensar no aluno. Eu apenas transferi o aprendido para o campo da mediunidade. Antes de pensar na mediunidade, pense no médium, na personalidade, no jeito de ser dele, no equilíbrio, na felicidade dele. Esse é o meu enfoque.

Numa abordagem apenas dos fenômenos mediúnicos, fica incompleto o trabalho de orientação, tanto quanto numa abordagem comportamental que negue um dos sentidos daquela pessoa. O sexto sentido, por exemplo.

A busca desse ponto de conexão tem se mostrado proveitosa. Nesses mais de trinta anos de pesquisa temos observado que esse ponto de conexão difere de pessoa para pessoa.

Sobre uma personalidade mais serena temos mais chance de sucesso com o trabalho mediúnico.

O médium já é uma pessoa, por natureza, bastante sensível, uma vez que capta e percebe o mundo das energias. Por isso mesmo convém que ele aprenda a educar suas emoções, a aceitar-se para poder depois aceitar o mundo; a direção oposta, a da não-aceitação, é difícil porque se reflete diretamente no campo astral.

Quando a vida não caminha como ele quer, ele se fecha, se retrai, encolhe o sentir. Prende o campo astral, dificultando o caminho natural da emoção. Com esse caminho interrompido, ele desencaixa o seu campo astral do fluxo natural, como um rio, que não conseguindo seguir seu curso por haver um obstáculo no leito, provoca um alagamento.

Marli | N | O

IDADE: 21 anos
PROFISSÃO: recepcionista
ESCOLARIDADE: 2º grau
SITUAÇÃO: depressão; tristeza sufocante.

Duas ou três vezes, Marli prestou exame vestibular, mas não foi aprovada. Também o namorado deixou-a sem maiores explicações, e na firma onde trabalha contrataram uma outra recepcionista.

Em nossos encontros ela chora e indaga repetidas vezes: "Por que tudo acontece comigo?"

> *– Mas você há de convir que ela está numa maré brava!*
> *– E você vai observar que Marli não aceita a realidade: foi reprovada, o namorado foi embora.*

Ninguém emocionalmente saudável "morre" porque não passou no vestibular ou porque o namorado perdeu o interesse. Vestibular, fazemos outro. Namorados, arrumamos muitos.

Se Marli aceitar a realidade, a dor passa; se não aceitar, a dor permanece. Ela está nutrindo uma posição de vítima (porque tudo acontece comigo?). Há uma forma altamente dramática de perceber a situação: "tudo" acontece comigo. É só o namorado que se cansou... (sabe Deus por quê). Não é tudo, são um ou dois aspectos que não estão ocorrendo como ela imaginou que deveriam acontecer.

> *– Mas, e a outra recepcionista?*

Quando indaguei, Marli me explicou que a firma está em fase de expansão e ela sozinha não consegue cobrir o horário, que se estendeu para além das dezoito horas. Outra funcionária, no que pude entender, é sinônimo de crescimento, de convívio com mais alguém, o que Marli vê como uma ameaça. "Acho que eles (os patrões) vão gostar mais dela. Ela é mais rápida e já colocou bastante do serviço atrasado em dia... acho que tem "coisa feita" para mim, nem durmo à noite e vejo sombras no quarto."

"Você passa a noite toda acordada?"

"Mais ou menos. Durmo menos que o habitual..."

– E tem "coisa feita"?
– Tem sim, Alcli.
–O quê?
– Marli não aceita a realidade, não sabe lidar com a frustração, é muita dramática, sente-se ameaçada pela colega.

Precisa de mais algum ingrediente ou já tem bastante "coisa feita"? Ela desencaixa seu campo astral ao fechar-se para o mundo físico, em vez de enfrentar a situação e procurar novas formas de ver os fatos e busca refúgio no paranormal ("acho que tem coisa feita").

– E a queixa de que vê vultos no quarto?
– É o aspecto mediúnico da questão – a vidência manifestando-se.

Ela sozinha já dá mostras de sua insegurança e está com o campo astral desencaixado; na seqüência, ela pode estar em contato com outras entidades da mesma faixa de sintonia.

Marli é o exemplo típico e simples da pessoa que começa a perceber sua mediunidade sem estrutura de personalidade.

Ela, antes de vir aqui, foi procurar um centro espírita, a conselho de uma amiga.

– Não vai fazer mais confusão?
– Não! Conheço o trabalho desse centro, ocorre próximo desses moldes: a pessoa desajustada (não é a mediunidade que está desajustada, é a pessoa, a personalidade) procura o centro, passa por uma consulta. Na seqüência, faz um tratamento de passes, se necessário, uma desobsessão, ouve algumas palestras, participa do evangelho, volta para a consulta.

Durante esse tempo todo ela, além do tratamento (passe, limpeza de aura, energização, etc.), aprende a aceitação através gelho. Aprende a aceitação da realidade. Aqueles que aprendem a aceitar a realidade se reencaixam, isto é, reencaixam o campo astral. Ao reencaixar, desaparece o excedente da mediunidade, e ela fica com um saldo *positivo:* uma sensibilidade maior, a percepção da energia, o sexto sentido de forma harmônica.

> *– O que você chamou de excedente mediúnico?*
> *– Uma personalidade em desequilíbrio, quando exposta a uma situação mais densa, mais estressante, mais sofrida e que não aceite o decorrer dos fatos com naturalidade, costuma fugir das situações (aqui faz falta a agressividade transformada em coragem). Foge para dentro de si mesma ou foge para o "mundo espiritual" na busca de uma solução mágica.*

Marli não aceita o afastamento do namorado, a reprovação no vestibular, a nova companheira de trabalho. A não-aceitação causa um desencaixe no campo astral. O desencaixe favorece a manifestação do fenômeno mediúnico se a pessoa tem uma hipersensibilidade e foge da realidade ("pira"), se desequilibra inteira.

Agora vamos fazer uma reflexão: ela se desequilibra, não por causa da mediunidade, mas porque perdeu o contato com a realidade, porque não tem coragem de enfrentar a vida, a situação real, porque busca abrigo num imaginário.

> *– E se invertêssemos: mediunidade + personalidade harmônica = ?*

– Gosto de dar aulas para gente inteligente. Que professor não gosta? Você matou a charada...

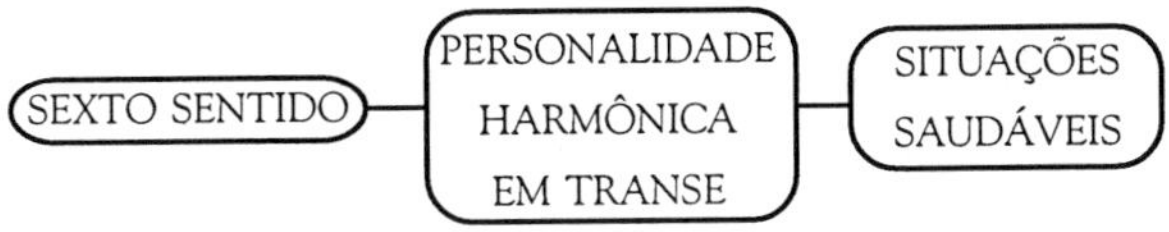

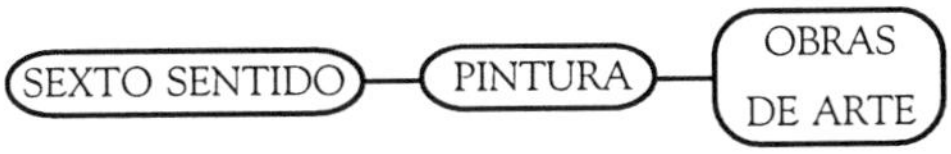

Vamos dar um passo adiante: Não basta só cuidar da mediunidade, conhecer temas, promover palestras, dar cursos, freqüentar o grupo, trabalhar na campanha de Natal, freqüentar a escola de médiuns.

Não basta cuidar da mediunidade, é preciso cuidar do médium, da pessoa, do seu reequilíbrio, e não podemos ignorar que é no kit pensamento/emoção que se assenta a mediunidade.

Não basta apenas o trabalho de desobsessão, de afastar, de tirar o obsessor, é preciso reencaixar, é preciso retomar a posse de si, é preciso recuperar a atitude de viver conscientemente com auto-aceitação e poder sobre si mesmo; é preciso recuperar a atitude de integridade, e isso não se faz apenas durante um transe mediúnico. Isso é feito através do processo educacional para ser vivenciado 24 horas por dia.

A faculdade mediúnica está lá, quieta, esperando o amadurecimento da natureza para vir à luz, para nascer; de repente ela é ativada por um transe emocional sobre uma personalidade estruturada ou desestruturada.

> *– Transe emocional? Que é isso?*
> *– É um estado intenso de emoção. Sabe aquele dia em que você passou um "nervoso" imenso porque viu sua namorada beijando um outro rapaz, ou teve seu carro roubado no primeiro dia após o vencimento da apólice de seguro que você esqueceu de renovar? Ou há ocasiões que a pessoa parece hipnotizada, não fala de outro assunto, insiste o tempo todo na mesma tecla...*

É aquele estado no qual a pessoa não domina a emoção, mas é dominada por ela, é aquele estado no qual a pessoa está identificada com a emoção. Ela se esqueceu ou não percebeu que ela não é a emoção, que apenas tem emoção; que a emoção vem e vai e a pessoa permanece em si (quando é capaz).

Quando esse estado (de intensificação emocional) é muito forte e a pessoa tem também um bom índice de mediunidade e nenhum domínio sobre si mesmo, é um aeroporto de vampiro, campo aberto para processos obsessivos. Um médium com uma dosagem mediúnica muito acentuada.

> *– Dosagem mediúnica?*
> *– Se fosse possível uma fita métrica para medir quanto de mediunidade cada pessoa tem, e essa fita tivesse de zero a cem, aqueles que têm de 75 a 100 têm uma dosagem mediúnica muito acentuada. Pessoas com alta dosagem mediúnica também necessitam do mesmo índice de equilíbrio emocional e mental, para não desequilibar*

a balança com a perda do bom senso, com perda do senso de realidade.
– Então é isso que se chama desenvolver a mediunidade?
– Indevidamente; uma vez que a pessoa, na maior parte das vezes que procura um centro espírita, o faz porque a mediunidade já aflorou e ela não sabe como cuidar disso.

Creio que o desenvolver da mediunidade é por conta da natureza:

- o cabelo cresce por conta da natureza;
- a pele se refaz por conta da natureza;
- a unha cresce;
- a flor dá o fruto;
- o bebê nasce por conta da natureza.

O aprender como participar desse crescimento natural é função do médium.

Nos meus cursos e vivências, ensino o médium a aceitar o fenômeno, a trabalhar com a situação. Procuramos dar ao médium ferramentas para ele trabalhar com sua personalidade na busca de viver melhor.

Vivência como médium precoce é dolorosa; ele sente tudo, de todos. No corpo físico sente dores, calores, sono, moleza, tremores, arrepios, enjôo, náuseas, vômitos, etc. No campo astral sente emoções fortes ou sentimentos mais suaves, desânimo.

No campo mental se vê com idéias estranhas, alheias a sua linha habitual de pensamento; geralmente ele expressa assim: "Tem um pensamento esquisito... ou tem uma idéias que não sei de onde vieram."

Mas não são só as idéias; as emoções, os sentimentos e os sintomas físicos, ele também não sabe explicar de onde vieram.

Quando visitamos um hospital de doentes mentais, observamos que são, na maioria, médiuns. O reencaixe, o ajuste é um trabalho diário.

Estar desencaixado, vivendo fora de nossa natureza, nos trará como resultado a doença. Quanto mais centrados estamos, mais permanecemos dentro da realidade, mais temos domínio sobre nosso corpo, mais facilmente recebemos energia do astral e mais livremente ela flui.

– E o que é não aceitar a realidade?
– É rejeitar o mundo. É sair ditando as regras para o mundo cumprir, cobrar; é pré-julgar, ficar na expectativa, ficar muito exigente, ficar muito duro.
– Essa dureza desencaixa?
– Essa dureza avança para o corpo causando pressão alta, gordura, derrame, deformações; quando estacionada no campo do sentir (astral) causa obsessão.
– Você já falou sobre obsessão, mas tenho ainda algumas questões...
– Vamos a elas...

Estabelecendo um ponto básico, no processo não há vilões ou vítimas, há pessoas encarnadas ou desencarnadas na mesma sintonia, uma vez que há uma tendência cultural a conceituar:

- o obsediado: uma grande vítima do destino, da situação, da vida, uma pessoa atacada por espíritos maus;
- o obsessor: um grande algoz, um grande vilão, uma pessoa vingativa.

Petrolina | Q | R

Idade: 76 anos (viúva)
Profissão: escrivã aposentada
Escolaridade: 2º grau
Situação: solidão; desencontros.

Petrolina entrou no consultório, cumprimentamo-nos e perguntei-lhe:

"Em que posso ser útil?"

"Estou vindo aqui porque já procurei solução na igreja, com o advogado, com o psicólogo tradicional, e nunca encontrei, então quem sabe aqui você possa me ajudar."

> *– Como lhe pareceu esse discurso?*
>
> *– Oh! Alcli, você está me saindo melhor que a encomenda... Não apenas o discurso, mas a energia que Petrolina espargia no ambiente confortável e aconchegante era de pedra dura e fria... O meu faro mediúnico começou a sinalizar...*
>
> *–E você usa o seu "faro mediúnico" nas suas aulas ou aconselhamentos?*
>
> *– E por que não usaria? Por que desprezar um sentido que a natureza me deu e que eu procuro aperfeiçoar? Seria mais ou menos como entrar na classe e vendar os olhos, abrir mão do sentido da visão durante a aula. Empobreceria o trabalho, dificultaria um melhor desempenho. Eu fico atenta: se o "faro" acontecer eu uso, sim.*

Eu perguntei a Petrolina:

"O que você quis solucionar com a igreja e com o advogado que não deu certo?"

"Eu já tenho 76 anos, sou viúva e não tive filhos. Tenho algum dinheiro no banco e um apartamento razoável num bairro residencial que eu não tenho para quem deixar. Eu sou muito só."

"Não tem mais nenhum familiar, Petrolina?"

"Tenho só um irmão, que é casado e tem uma filha".

"Mas então você tem para quem deixar o seu patrimônio..."

"Não! Não quero deixar nada que a minha cunhada ou a minha sobrinha possam usufruir."

"Por quê?"

"Porque não gosto delas. Quando meu irmão se casou, passou, por influência dela, a dar menos atenção a mim e a mamãe."

"Não lhe parece que, com o casamento, é natural que ele mude o foco de atenção?"

"É! Mas ela (a cunhada) nunca se dedicou a nós."

"A nós quem?"

"A mim e a mamãe!"

"E por que deveria?"

"Ela chegou depois. Já tínhamos os nossos costumes formados. Ela é que entrou na família. Ela é que deveria se adaptar."

"Não lhe parece, também, que a adaptação deve ocorrer mais entre o casal?"

"Meu irmão foi rareando as visitas e ela deixou de ir a minha casa."

"Você visita seu irmão?"

"Uma vez por ano, no Natal. E levo presente só para ele... Agora, se eu morrer, ele vai ficar com o meu apartamento, e ele é casado em comunhão de bens..."

Com essa conversa pude observar:

- apego ao apartamento para além da morte. "Ninguém vai levar escritura de nada";
- nível altíssimo de exigência: "Ela nunca de dedicou a nós";
- formalismo: "Visito uma vez por ano, no Natal";
- distanciamento: "Levo presente só para ele".

> *– Estou começando a entender o "sou muito só".*
> *– É, Alcli, aprendi nesses mais de trinta anos de clínica e escola que o moralista, o perfeccionista, o hiperexigente acaba só.*

Ninguém passa no critério de exigência de Petrolina, ninguém é suficientemente bom para receber sua atenção. Ela me passou a impressão de ser uma árvore estéril, muitas raízes para sugar, nem uma flor para frutificar, aromatizar ou colorir.

"Petrolina, você comentou algo sobre a igreja, gostaria de relatar?"

"Sim! É que, como não quero deixar meu patrimônio para o meu irmão, por causa da minha cunhada, fui até o pároco do meu bairro e lhe relatei o caso, dizendo que queria passar a propriedade do apartamento para a igreja, com uso fruto meu enquanto eu vivesse."

"E então?"

"Também não deu certo."

"Por quê?"

"Porque o pároco quis passar o apartamento para o nome dele, e não para o da igreja. Então eu não voltei mais."

"Você já pensou em doar para uma instituição idônea, de sua confiança, daquelas que cuidam de crianças deficientes, por exemplo?"

"O que as crianças deficientes fariam com o apartamento?"

"As crianças nada, mas os dirigentes poderiam alugá-lo, fazê-lo render, para aquisição de medicamentos, brinquedos estimulantes..."

"Você acredita nisso?"

"Eu creio, e você?"

"Eu não!"

"Doe, então, para que a instituição seja comunicada só depois de sua morte."

"Já tentei"

"E então?"

"Não deu certo, pois o advogado quer cobrar para fazer o documento."

"Não lhe parece justo que ele receba pelo seu trabalho?"

"É! Mas eu faço uma doação e ainda tenho que pagar?"

> *– Mas estou entendendo que Petrolina não quer doar nada!*
>
> *– Eu e você, Alcli, entendemos isso. Quem não entende é ela.*

Num dos nossos encontros conversamos sobre o estar só, a vida social...

"Petrolina, você gosta de cinema?"

"Não!"

"E teatro?"

"Gosto, mas as peças não são edificantes, o teatro é longe e eu não tenho companhia."

"Sabe por quê?"

"Não."

"Você é muito exigente, ninguém, passa pelo seu ISO 100.000, ninguém passa na sua avaliação."

Petrolina esboçou um sorriso que mais lembrava uma máscara e acrescentou:

"Não é tanto assim. Concordo que gosto das coisas certas, mas minhas últimas amigas só criticavam os outros..."

– Mas ela não fez outra coisa até agora!

– Alcli, a isso chamamos projeção.

"Vamos procurar amigas novas."

"Onde?"

"Onde estão as prováveis amigas?"

"Ah! Não sei!"

"Vamos fazer contato com os grupos de 3ª idade."

"Por que o pessoal da 3ª idade? Não gosto, eles não se atualizaram."

"Mas o grupo da 3ª idade da Faculdade aqui no bairro é atualíssimo: praticam esportes, dançam, estudam, vão às palestras. É uma oportunidade de você conhecer outras pessoas. Quem sabe se agradar com elas."

E como costumo dar sempre uma lição de casa para o meu aluno, tenho o cuidado de praticá-la também.

No encontro subseqüente, fui para o consultório com 26 opções de lazer que poderiam ser utilizadas sem sair do bairro:

- sala de cinema da biblioteca;
- a própria biblioteca;
- curso de pintura;
- a aula de cerâmica;
- tricô no salão paroquial;

- grupo de culinária;
- baile da 3ª idade;
- grupo de teatro, etc., etc.

> – *Quantas opções Petrolina trouxe?*
> – *Nenhuma!*

"Petrolina, você fez nossa lição?"

"Ah! Esqueci."

"Ninguém esquece aquilo que tem interesse: o telefone do namorado, o nome do perfume favorito, o e-mail do filho distante..."

"Sabe Aparecida! Hoje é o nosso terceiro de quatro encontros e você ainda não apresentou uma solução para minha solidão, nem para o meu apartamento."

"Eu nunca me propus a solucionar suas situações Petrolina. Apenas fiz sugestões e trouxe ferramentas de trabalho para o seu trabalho com você. Não tenho amigos dentro de um saquinho para serem doados a quem quer que seja. Quando nos fechamos à vida, a vida se fecha para nós. Quando rejeitamos a vida, a vida nos rejeita. Quando somos amargos, secos, a vida fica amarga e sem atrativos. Olhe para você e veja o que está fazendo consigo mesma. Afastando-se do convívio, da alegria, da expansão, do crescimento, da troca, do afeto, da ternura. O universo nos oferta a essência de nossas crenças na forma de realidade; tudo está na mais perfeita harmonia, ele responde aos nosso apelos."

"Você está filosofando! Já não se fazem mais profissionais como antigamente, as faculdades estão defasadas de conteúdo."

> – *Isso não é uma sessão terapêutica, é uma guerra!*
> – *Não, Alcli! É aí que o conhecimento do ser, a sensibilidade e o profissionalismo fazem a diferença. Ali o doente não era eu, e se eu me deixasse envolver pela energia do astral de Petrolina, não seria digna de estar ali.*

É preciso compreender o processo do outro para saber se poderemos ajudá-lo ou não. Compreender o processo de Petrolina eu pude, mas ajudá-la nesse momento, não. Ela não aceita mudar conceitos, crenças, idéias. Nada resta a fazer senão esperar que o fruto amadureça, que ela, através das situações da vida, adquira um pouco mais de maturidade para depois poder receber ajuda.

– Amadurecer quando? Ela já fez 76 anos!
– Alcli! Estamos na eternidade.
– Esse é um conceito que eu sei, mas não assimilei.
– Oras! Vou aplaudir você! Alcli, agora me responda: você acha que Petrolina precisa de algum obsessor para aborrecê-la?
– Não, ela já faz o serviço sozinha!
– Claro! A isso chamamos auto-obsessão. Ela não precisa de ninguém para aborrecê-la, persegui-la, perturbá-la, importuná-la, atormentá-la. Ela já vibra tudo isso em si própria.
– Na terceira de quatro sessões foi isso. E na quarta?
– Não houve quarta sessão. Petrolina não apareceu. A quarta sessão eu fiz sozinha.
– Como assim?
– Com a ficha de Petrolina em mãos, refleti sobre a magnitude do universo, a misericórdia do Pai em nos dar todas, exatamente todas, as oportunidades que necessitamos para o nosso desabrochar.

Petrolina tinha aprendido pouco, muito pouco de relacionamento, mas ganharia todas as oportunidades que necessitasse. Teve só um irmão e preferia não beneficiá-lo, mesmo depois de sua morte, para evitar que a cunhada viesse a usufruir de algum centavo.

Todo o seu "patrimônio" era um único apartamento. O único valor que conseguira servia agora de preocupação ditada pelo desamor e apego ao imóvel.

Ela viera buscar soluções que eu não tinha porque buscava fora aquilo que só encontramos dentro. Não consegui, nem de leve, sinalizar para ela que os verdadeiros valores são os interiores. E na ausência desses valores as pessoas ficam sem brilho, porque quando você traz à superfície o brilho da alma, você reluz. Essa luz vem de dentro, atravessa a vida mental, ilumina a vida emocional, tonifica o corpo e se esparge como perfume pelo ambiente.

Aquela pessoa que acende os valores internos é aquela pessoa nutritiva. Petrolina ainda não era uma pessoa nutritiva, estava mais para tóxica. Precisava de um tempo para poder desabrochar.

Não adiantava um quarto encontro, eu não tinha o que ela queria.

A terceira idade é um tempo de liberdade e maturidade, um tempo de aprofundamento de valores. É um tempo da segunda adolescência, com a vantagem da experiência acumulada, da estabilidade emocional e financeira. Os grandes dirigentes, os governantes das nações são pessoas da terceira idade. Também os maiores literatos ou pintores estão em plena produção na terceira idade.

Estar na terceira idade e fazer dela uma bênção, e não um período de estagnação e azedume, é uma conquista.

No decorrer de nossos encontros, Petrolina declinou uma vasta lista de cursos assistidos e toda uma biblioteca "espiritualista" lida. Então, mais uma vez, lembrei-me da minha teoria de ensino.

> *– Você tem uma teoria de ensino?*
> *– Tenho, desde quando, ainda nos cursos universitários, precisávamos elaborar pesquisas, trabalhos, teses. Passando tudo na peneira, minha teoria é a seguinte:*

- não é o professor que ensina, é o aluno que aprende – quando o aluno está pronto, o professor aparece;
- é a experiência que consolida a aprendizagem – a vida ensina.

Não adianta você saber na cabeça, é preciso viver o que se aprendeu. O conhecimento é um tesouro quando utilizado. De que adianta um saco de dólares no fundo do mar?

Quando não escondemos o leite, quando utilizamos o conhecimento que já absorvemos, a natureza oferece sua proteção.

A virtude não se instala em nossa vida, não sai na ação, senão através do exercício. O "já li", o "já sei" é diferente do "já me utilizo de". Você pode ler e reler quilos de livros sobre asa delta e nunca erguer o pé do chão. Não é o que você leu ou o que você sabe que conta, é o que você exercita.

A obsessão sempre começa em nosso comportamento, em nossa atitude interna; ela começa dentro, e não fora de nós. Assim como Petrolina precisa mudar suas crenças para atuar de maneira mais satisfatória e deixar de ser seu próprio obsessor – não que o faça por mal, mas por ignorância – nós também precisamos mudar nossa forma de entender o processo obsessivo.

Obsessão é um termo bastante generalizado, usado de forma ampla, que retrata uma crença a ser transformada. Transformar uma crença é remover formas-pensamento.

> *– Crença é igual a forma-pensamento?*
> *– Não apenas, vai além. Crença é uma forma-pensamento elaborada a partir do campo mental, do campo astral, que são componentes do ser.*

Concluímos que mudar crenças, uma coisa aparentemente fácil, é reajustar, reformular, refazer a estrutura do ser.

É um trabalho energético de ampla envergadura. Quando elaboramos uma forma-pensamento, ela carrega consigo nossa marca "genética", pois é formada da nossa própria matéria mental, da nossa própria matéria astral, tanto quanto um bebê é formado da nossa parte física.

Nutrimos uma forma-pensamento como nutrimos o bebê, só que no plano energético. Nutrimos uma forma-pensamento com a atenção que lhe dedicamos.

– Forma-pensamento... nutrida com atenção? Isso não é estranho?

– Para você. Mas esta é uma idéia muito antiga, desde os tempos védicos já se fala disso.

– Tempos védicos? Que é isso?

– Alcli! Vá estudar um pouco... um chazinho de biblioteca não faz mal para ninguém. Estou querendo dizer que é uma idéia velhíssima.

A natureza da consciência é criar. A atenção é o foco da consciência, que nutre a forma-pensamento.

A forma-pensamento elaborada a partir do termo obsessão traz em si uma expressão que esconde muito a responsabilidade de cada um, porque se começou a falar que obsessão é um fenômeno no qual a pessoa é atacada por espíritos maldosos, e onde é sempre vítima.

E esse conceito está errado. Se não mudarmos esse conceito, se continuarmos mantendo essa crença ou alimentado essa forma-pensamento, não chegaremos a nada. Essa mudança de conceito é fundamental.

Não pode existir obsessão se não existirem pessoas obsediáveis, sem as condições necessárias. Não pode existir alguém que domine a sua vontade, a menos que você o permita.

Quando a pessoa tem poder sobre si mesma, quando tem responsabilidade consigo própria, quando reconhece seus limites naturais, percebendo o que pode executar de verdade, notando o que ainda não pode ser feito nesse momento, dizemos que ela é humilde, isto é, tem uma noção de seu próprio tamanho interno, não é mais nem menos, é o que é, simplesmente.

A pessoa que tem responsabilidade, que tem poder sob sua própria vida, não é arrogante. É humilde, equilibrada, está feliz em ser ela mesma, ser do jeito que é, ter o corpo que tem, sabendo que dentro das condições naturais dela, tem oportunidade de crescer, de mudar, de aprender, tem oportunidade de ser feliz.

"Os humildes terão o reino dos céus" significa: "os humildes terão felicidade".

Quando abraçamos a arrogância, o nariz em pé, o perfeccionismo, a condenação, a intolerância, estamos nutrindo estados internos nos quais ficamos contra nós mesmos, numa postura de inconscientemente sermos o nosso próprio inimigo.

É a própria pessoa que se muda do estado da alegria para o perfeccionismo, ou da paz para a impaciência, ou do prazer para a vaidade.

O arrogante é aquele que não sabe rogar, que não sabe solicitar, sai pelo mundo ditando regras; muito provavelmente vai se frustrar.

O nariz em pé é o vaidoso, quer parecer ser... se é ou não é, não tem a menor importância, ele quer mostrar para o outro que pode, que é capaz, que sabe, etc.

O perfeccionista arranjou uma forma de viver insatisfeito: nada está suficientemente bom; " Ah! Não é bem assim!". Como nunca as coisas estão boas, ele sempre está entrando na energia da condenação, está entrando na energia da crítica; isto é, ele se torna permeável, por essa atitude, à ação de energias semelhantes, da mesma freqüência, atraindo para si a ação também negativa do mundo encarnado ou desencarnado.

Para que um espírito perturbador se aproxime, se faz necessário que encontre uma brecha na aura do outro. Daí não termos um cidadão obsediável, vítima. Temos um cidadão irresponsável com a guarda de si próprio, aquele que não pratica o "orai e vigiai" à própria atitude interior.

Não há vítima, há irresponsável.

– É que a pessoa não está centrada?

Quando uma pessoa pratica um ato ofensivo, por exemplo, você recebe ou rejeita a ofensa? Se você receber a ofensa, pronto! Já entrou naquela energia. Quando você rejeita, não valoriza, não dá atenção para a ofensa, a energia volta para a pessoa que a emitiu. Ela sofre o impacto da própria energia, fica frustrada porque não se sente "vitoriosa", fica com raiva de si mesma porque não conseguiu aquilo que queria. O fim desse circuito energético é o ofensor ficar culpado por causa do retorno da energia.

Se você aceitar a lata de lixo psíquico, fica magoado, guarda aquela energia enviada, e o outro se sente o máximo, conseguiu o seu intento, fica reforçado. O grave dessa história é que o ofensor, conseguindo magoar a pessoa, ganha poder sobre ela. Pronto, está aberta a porta, ele conseguiu um caminho, uma técnica de minar o terreno: vai destruindo, vai ruindo, vai desmoronando gradativamente a auto-estima da outra, passa a vê-la como menos, como inferior, como um depósito de lixo psíquico, porque ela aceita esse lixo que lhe foi enviado, absorve toda essa energia densa que lhe foi endereçada, abre seu campo astral e a interioriza; na seqüência, essa energia passa a integrar sua própria aura, entupindo os caminhos da energia. Pense num cano se entupindo: é uma imagem aproximada do que acontece no campo áurico.

> *– É sempre assim? Quando compramos o lixo psíquico?*
> *– Não! Há casos piores.*
> *– É...?*
> *– É! Quando você satura o seu campo energético desse lixão, o "chorume" vem para o corpo, ocorrendo o processo de somatização.*
> *– Ah! Não acredito!?!*
> *– A crença é livre. Meu amigo espiritual costuma me recomendar observação. Ele usa em tom suave a expressão "olho vivo". Fique você também de "olho vivo", observando o que acontece sob o seu nariz.*
> *– E como evitamos isso?*
> *– Simples! Quando você passa por um saco de lixo na rua, você o leva para dentro de casa?*

– Não.

– Quando está passando pela rua e o cão late, você fica de quatro e late para o cão?

– Oras!!

– Você simplesmente segue seu caminho e deixa o cão e o saco de lixo lá onde estavam. O processamento do lixo do outro é facultativo, deve ser deixado para o pessoal especializado em "limpeza pública".

Se você entrar sem nenhum treino, sem conhecimento, sem preparo numa sala de cirurgia ou numa brigada de salvamento, provavelmente irá mais atrapalhar do que ajudar.

Não importar o lixo alheio, tomar conta de si mesmo, tomar posse de si mesmo nos mantém centrados mais facilmente.

– Tomar posse de si?

– Tomamos posse ou tomamos conta de nós, mas esse tomar posse é possível de acordo com o nível de evolução de cada um: uma criança com sete ou oito anos não tem tanta posse de si; pode algumas coisas, outras não; toma conta da sua lição, da sua higiene, mas não tem maturidade que lhe permita viver sem amparo dos pais.

A vida nos ampara na medida em que não temos evolução, consciência, maturidade para nos individualizarmos. Cada um é o que pode ser, mas a mãe natureza protege.

Quem não tem nível de maturidade, não pode ser considerado irresponsável; é apenas ignorante: ainda não teve vivência para se sentir mais, para se centrar mais, para ser mais maduro. É aquela pessoa mais infantilizada, simplesmente porque é.

É um processo natural; aquilo que não experimentei, desconheço. A natureza não é sádica. Sempre ouvimos a voz popular dizer: "Deus dá o frio conforme o cobertor".

Já a pessoa irresponsável é diferente. É aquela que pode, mas não faz. Ela pode ser mais madura, já sabe do seu compromisso com a verdade que já alcançou; sabe fazer melhor e não se aplica, negligencia.

Na voz popular, ela está escondendo o leite; abusa porque está se mimando. Essa pessoa se arrisca quanto à proteção natural.

> *– Por quê?*
>
> *– Ela se arrisca porque não tem a proteção natural (divina) na medida em que sua consciência já é a encarregada da própria proteção.*

O professor não ensina quem já aprendeu. Quem aprendeu usa da própria aprendizagem. A mãe não carrega no colo o filho que já anda.

No que você já pode fazer por você, a natureza não ajuda, o mentor não ajuda, o anjo não ajuda. Deus não faz o serviço que você já pode fazer.

Quando você não sabe fazer, Deus, a Providência, faz; quando a criança é apenas um bebê, a mãe amamenta; à medida que a criança se desenvolve, a alimentação muda, a criança necessita de outros nutrientes; há um momento em que a criança cresceu e já tem desenvoltura para preparar sua própria refeição. Assim também há o momento em que a pessoa cresceu interiormente, está mais observadora, mais inteligente, mais capaz, e traz alguns conteúdos que ficam sob o seu domínio. Não tem mais proteção natural; agora, cuidar deles como estão, no campo da consciência, é responsabilidade da pessoa.

A mãe não dá mais banho no rapaz de quinze anos... só no bebê. A vida não vai cuidar de quem já pode fazê-lo, e ninguém vai enganar a vida.

Saber de antemão que não há vítimas e vilões muda a ótica da situação.

É bastante importante levar nosso aluno a essa percepção, a essa compreensão. Vamos vagarosamente descortinando um cenário que provavelmente ele não havia observado: ele não está se assumindo.

– Estou entendendo que ele, muito possivelmente, está se acomodando nos outros ou em valores alheios.

– Se valesse nota, agora você ganhava dez! Só entramos num processo obsessivo quando fugimos da responsabilidade de praticar aquilo que já ganhou luz na nossa consciência, quando já vivemos de alguma forma algo melhor anteriormente e nos negamos a fazê-lo agora.

No processo obsessivo, a pessoa se deixa tomar pelo outro, por suas idéias, quer seja encarnado ou desencarnado; se deixa tomar pelo mundo, por forças externas a sua vontade.

– Então, a obsessão ocorre porque a pessoa se deixa, se negligencia, se abandona?
– Sim!
– E Deus?
– Respeita o arbítrio de cada um.
–E o anjo? O mentor? O amigo espiritual?
– Obedecem a Deus, respeitando o arbítrio de cada um.
– E a pessoa fica abandonada à própria sorte?
– Não seja dramático, Alcli! Nenhum ser humano quer ser mandado; canta a liberdade em verso e prosa, e quando está de posse dessa liberdade, faz um dramalhão, se dizendo abandonado à própria sorte. Deus nunca abandona ninguém, apenas respeita as escolhas de cada um.

Essa é a história do sofrimento humano, simples e rápida: "quem não quiser sofrer, que faça o que sabe de melhor", não importa o quê.

O nosso sistema de defesa só funciona quando estamos no melhor. É daí que vem o progresso, a evolução. A natureza não funciona com material de segunda linha, ela pede sempre o melhor.

– Mas o melhor do professor não é o melhor do aluno? E como fica?

– Já falamos um sem-número de vezes que o universo trata cada um no singular, por isso deu um código genético, um rosto e uma impressão digital para cara um. É muito provável que o aluno saiba menos, mas se estiver fazendo o melhor que pode, para a natureza está bom. Ela garante o resto. Isso é muito importante! Isso é demais importante! Isso é importantíssimo! Entendeu isso, Alcli?

– Sim.

– Isso é demais de importante porque já fica "implícito" que cada qual vai ter que trabalhar bastante na auto-responsabilidade. Sabe, Alcli, quando meu amigo espiritual me falou isso, disse que minha função era sempre enfatizar isso nos meus cursos. Agora aos nossos leitores. Disse-me: "Procure enfatizar isso sempre. De um jeito ou de outro. Fale isso para a pessoa: "O que você está fazendo para entrar numa fria dessas?..." Vá devagar, fale com cuidado, mas fale. Muitas vezes o seu aluno precisará de um tratamento de passes. Será bom se o fizer, porque pode aliviar. Não vai resolver, vai só amenizar. Mas estando ele mais aliviado, você vai lhe abrindo os olhos para a auto-responsabilidade".

Procuro levar meu aluno a ver sua situação com atenção, por mais dolorosa que lhe pareça, mas de um outro ângulo, porque senão aquilo não muda, não se resolve. Durante a ajuda ameniza, mas depois volta. Vamos, ele e eu, observar o que ele não está assumindo de si próprio, o que já tem de melhor que está sendo negado; ele não está fazendo tudo o que sabe de melhor – está escondendo o leite.

Geralmente, quando se começa a chegar no núcleo da questão, quem está no caminho da cura fala, se localiza, assume seu poder e administra a situação, mas quem está na ilusão, no orgulho, quer se justificar, quer "tirar o corpo".

– E se ele insistir em "tirar o corpo"?

– Eu aviso que nada vem de graça; e como já tenho mais de trinta anos de estrada, abro minha acuidade perceptiva, e aí vale uma pitada de feeling, *de mediunidade. Fico atenta, receptiva, e não demora ele (meu aluno) traz pra fora o grau de responsabilidade com que se cuida. A pessoa se trai, ele quer esconder (de si mesmo) na consciência, mas a inconsciência revela, mostra.*

– A inconsciência mostra?

– É a força da evolução que se faz presente através de um ato falho, uma frase solta. A própria natureza, é o guia da pessoa que indica onde ela está falhando consigo mesma, onde está o núcleo da questão, uma vez que aquela idéia subiu. Fico atenta e vamos procurando e refletindo.

– Mas há muitos tipos de obsessão.

– Claro! Mas toda obsessão tem início numa outra obsessão de responsabilidade individual.

– E como se reconhece isso, o início do processo de auto-obsessão?

– Já comentamos, Alcli, que isso começa na hora vazia, na alimentação da arrogância, do perfeccionismo, do exagero, do drama, do desânimo, da piedade, da tristeza.

– Da piedade? Mas... não entendi essa.

– Piedade é coisa de arrogante... "vou dar para ele... vou fazer para ele porque senão ele fica sem".

– Mas não é bom fazer para quem não é capaz?

– Você se transforma em juiz do outro, menosprezando a capacidade dele, e mais, alimentando a incapacidade. Em vez de fazer por ele, ensine-o a executar. Não é isso que o professor

faz? Rotular o outro como incapaz é passar por cima da natureza, é achar pretensiosamente que Deus errou.
– Ah! Também eu não disse nada disso. Você está fazendo drama.
– Estou mostrando que quando você faz pelo outro, rouba-lhe a oportunidade de treino, de exercício.
– Ah!
– Sempre começa na auto-obsessão, a própria pessoa se perturbando. Depois começa a complicar quando surge no ambiente alguém que quer somar, ou alguém que quer atacar. Entenda que quando você não faz o seu melhor, o seu sistema de defesa não irá protegê-lo.
– Que fará o sistema de defesa, então?
– Fará exatamente o contrário.
– Que é o contrário? Seja mais específica.
– Vamos lembrar que a defesa natural faz seu serviço de proteção quando desconhecemos forma melhor de agir; quando você honestamente não sabe fazer nada melhor do que aquilo que já está fazendo.

Quando você ainda não sabe o sistema pode atuar. Porém, quando você já sabe, o sistema não pode interferir, pois o poder, o arbítrio já está em suas mãos, sob o seu domínio. A natureza fica quieta porque já o muniu de consciência, livre opção. Mas a natureza quer que você observe. Se ela tivesse uma boca, gritaria: "Preste atenção! Veja o que você está desencadeando. Esse não é o seu melhor. Você está se escondendo, se negando."

– Mas como ela não tem boca, não grita. E como fica?
– Ela não tem boca, mas é sábia e tem outros recursos. Ela pega uma lente bastante potente e

amplia bastante a situação (o problema) que a pessoa está vivendo.
– Uma situação ruim, fica pior?
– Fica! E nessa amplifição você pode ver claro. O "erro" que a pessoa está praticando, em relação a ela, já está impresso no próprio tipo de perturbação que ela apresenta. Lembre-se que o obsessor apenas soma, acrescenta onde já existe. Ninguém planta onde não há terra.
– Dê-me um exemplo.
– Lembra-se de Bruno, dona Mãe e o obsessor?

Bruno, que era manipulador, passou a ser regido por um manipulador maior do que ele; e juntos tiraram o sossego de dona Mãe, que escolheu usar seu potencial de forma benéfica, dominando, trabalhando na transformação da situação com um arsenal de ajudas... São os dois lados da moeda. Cada um escolhe usar seu potencial como melhor lhe aprouver.

Observe o caso Marta. Ela tem medo, soma com o medo do obsessor e fica com o que chamamos "síndrome de pânico".

[ENERGIA DE MARTA] + [ENERGIA OBSESSOR] = [MARTA EM CRISE]

– Marta vai carregar um peso redobrado.
– E se não tiver forças?
– O que acontece quando não temos força?
– Sucumbimos.
– Em qualquer situação, independente da natureza dela, se vamos além do que agüentamos, não dá certo.
– Toda crise de pânico é um processo obsessivo?
– Em boa parte dos casos.
– E como distinguimos?
– Estudando, aprendendo, observando, apurando a própria sensibilidade. Tudo é conquista. No

caso de Marta, como em todos os outros, o início do problema é dentro da pessoa, há uma contribuição pessoal para a instalação do processo. Marta já carrega um balde de medo dentro de si; com a atuação do obsessor, fazer transbordar o balde é mais rápido, uma vez que ele se soma a uma situação pré- existente.

– Se não houvesse o balde... Ninguém acrescentaria nada. É isso?

– É.

– Então a causa do processo é o medo de Marta?

– Não.

– Como? Mas...

– O medo de Marta não é a causa, o medo dela já é um efeito.

– Efeito de quê?

– Do bloqueio de um impulso natural. Acompanhe meu raciocínio: há um impulso natural dentro de Marta para a ação de namorar, sair, viajar, bater perna no shopping, dançar, desfilar na avenida em bloco carnavalesco.

Qualquer que seja a natureza do impulso, aquela energia quer vir para fora, quer ganhar espaço fora, é uma "criança" que quer nascer, quer vir à luz.

Mas Marta não permite que esse impulso chegue à superfície, não permite que esse impulso ganhe expressão, porque é uma senhora de quarenta e cinco anos, evangélica, casada com o pastor, mãe de cinco filhos, atuante na sua comunidade, e não permite sequer admitir qualquer coisa que não faça parte da imagem que vestiu.

Marta agüentou, durante um certo tempo, sufocar seus impulsos. Tudo estava sob controle, até o pânico se instalar.

Quando sufocamos uma energia, um impulso de vida, é como se estivéssemos enchendo uma bexiga ou represando um rio.

– Qual é a conseqüência disso, Alcli?

– A bexiga explode e o rio transborda.

– É isso. A natureza, a vida, o universo, Deus (não importa o nome), a providência está vendo o que Marta está fazendo a si própria, e se utiliza dos recursos que dispõe para alertar Marta, uma vez que não pode interferir diretamente por causa da liberdade de ser de cada um. A natureza aumenta, amplifica bastante a situação, para ver se a pessoa acorda.

Existe uma energia, um impulso de vida, um querer de alma sufocado pela arrogância, pelo orgulho, pelo preconceito. Vem uma vontade de dançar na avenida (impulso), Marta não canaliza, não educa o impulso, não trabalha, apenas o rejeita: "Ah! Uma senhora... Não deve..."

Um dia de não devo, um mês de não posso, um ano de não é viável, uma década de não fica bem. Duas décadas de repressão, foi o limite dela. Marta agüentou até onde deu, depois... "panicou".

Aquele represar os impulsos, aquele rejeitar parte de si mesma, aquele sufocar de entusiasmo em nome do parecer ser, em nome da vaidade, ouvindo a voz da arrogância, que diz interiormente: "Ah! não seja vulgar...."; "Ah! o que os outros vão dizer..."; "Ah! uma senhora jamais..."

A repressão do entusiasmo é a causa; medo já é um efeito.

Tanto represamos o rio para que a água não passe que ocorre uma vazão, uma enchente que leva a barreira. Assim também represamos nossas emoções, entupindo a via de expressão, até que a natureza, sabiamente, recoloca tudo no lugar.

– Recolocar a energia em fluxo eu entendo, mas com pânico... você chama de sabiamente?

– A natureza trata-nos no singular sempre, e se utiliza da linguagem que cada qual possa entender. Marta, através do pânico, recebia um convite para conhecer-se melhor. Marta investia sua crença na arrogância.

– Explique-me isso.

– Alcli, arrogância é querer ser o que não se é, é querer ser mais... é aquele sentimento de "eu sou melhor que os outros, sou a maravilhosa, a perfeita..." E em nome dessa maravilhosa, dessa perfeita social, Marta foi reprimindo, reprimindo o entusiasmo durante anos, até que começou a sentir medo.

– Medo é a ausência do entusiasmo?

– É! Considere consciência e inconsciência como aspectos da mente

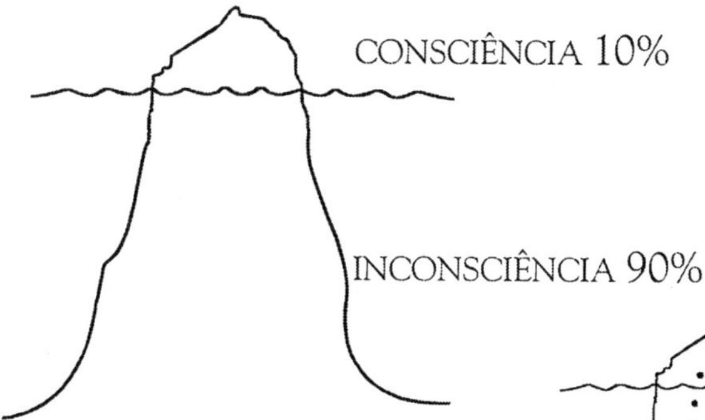

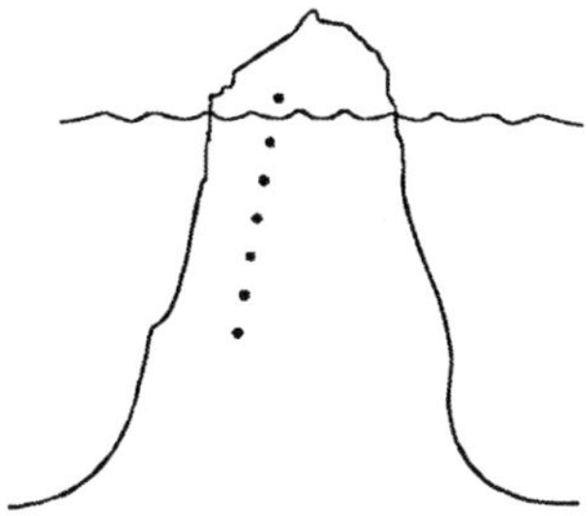

O impulso vem da inconsciência para nascer na consciência.

O impulso é reprimido na consciência, é rejeitado, é mandado de volta, é sufocado no inconsciente

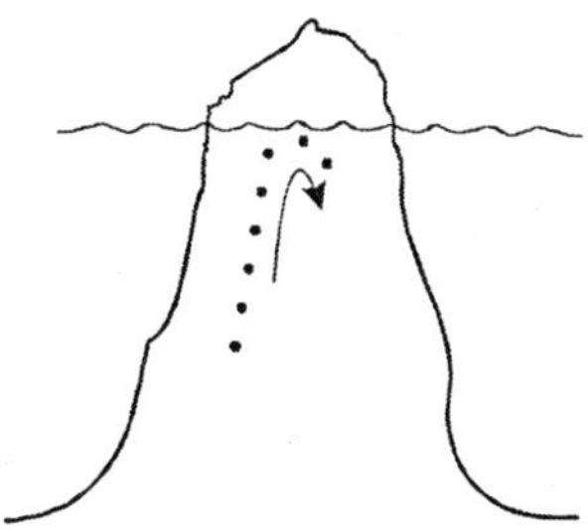

No momento do retorno, ocorre uma transformação: o entusiasmo, que vinha rumo à consciência, não consegue espaço e retorna à inconsciência como medo.

– E o que acontece depois?

– O sistema de defesa da evolução do ser não pode aceitar o material de volta.

A alma busca uma solução indireta, pois Marta já tem arbítrio, portanto, já é responsável pelo poder. É quando a vida, através da mente inconsciente, cria uma situação que vai causar, pelo tormento, o despertar. Como ninguém gosta de ficar no tormento, Marta vai procurar uma solução.

O medo é o entusiasmo do avesso, é quando socamos para dentro uma força que quer sair. Quando acontece o medo, procure verificar em que ponto você está indo contra si próprio, porque literalmente é essa a mensagem do medo: você está indo contra si.

No aspecto energético, há uma inversão, o movimento de saída se inverte. E, em vez de emanar, a aura puxa, absorve energia; e como você está contra si, então ela também atrai as energias contrárias a você. Entenda a aura como um campo magnético que atrai energias afins, e quando estamos contrários a nós, as formas-pensamento, também contrárias, começam a se afinizar com você.

A vida começa a funcionar de acordo com a posição que você tomou: se você se desvaloriza, começa a perder valores, começa a perder amor, começa também a perder aquilo que valoriza.

Quando Marta disse não, durante anos seguidos, ao seu entusiasmo natural, resolvendo sufocar o próprio ânimo, estava "dizendo" para a natureza que enviasse desânimo em sua direção, porque era o desânimo que ela estava valorizando com seu comportamento.

A natureza, obedecendo ao seu comando – do pensar (c. mental) e do sentir (c. emocional) – age assim quando você se desvaloriza. Aquilo que você mais valoriza é o que deixa de ter, fica sem.

– Estou entendendo assim: desvalorizar-se = perder valores.
– É isso! Com toda clareza.

Marta não se permitia nada que queria, porque valorizava mais a opinião alheia. Valorizava mais a crítica alheia que os próprios sentimentos.

> *– Com a atenção voltada para a crítica, o que ela certamente puxa, o que atrai para si?*
> *– Críticas.*
> *– E a crítica é uma energia destrutiva, que vem abrindo espaço para invejas, ódios, fofocas, e na seqüência vem o "bode".*
> *– Um mal-estar?*
> *– É, o bode é um mal-estar geral, acompanhado de desânimo, às vezes com dores no corpo, um certo enjôo, com dor de cabeça. São sintomas energéticos que falam da captação da energia de encarnados.*
> *– Essa captação ocorre de graça?*
> *– É preciso ter algumas características: uma sensibilidade maior (mediunidade) e uma posição de submissão (personalidade), onde a pessoa deixa o desejo do outro dominá-la: o pai, a mãe, o marido, etc.*

E ninguém pode deixar que o desejo do outro o domine, porque cada qual já tem opção, já tem oportunidade de escolher seu próprio roteiro na vida, de assumir sua própria maturidade, de se levar para a frente no seu caminho do espírito; mas muitas vezes a pessoa vacila e entrega sua vontade ao outro.

Veja, se a pessoa entrega sua vontade ao outro, se a pessoa é irresponsável consigo, o resultado, mais dia, menos dia, é a obsessão, quer seja de ser encarnado, quer seja de ser desencarnado.

Qualquer tipo de obsessor não pode senão usar as próprias fraquezas da pessoa. Cada processo obsessivo, apresenta sempre um sintoma diferente, pois cada pessoa tem um tipo diferente de fraqueza.

Quando o indivíduo não toma posse de si, coloca-se na faixa dos obsediáveis. É preciso que cada um aprenda a tomar posse de si.

> *– O que você entende por tomar posse de si?*
> *– Tomar posse de si, ser dono de si, deixar de ser ruim consigo, deixar de ser muito duro consigo.*
> *– Mas há quem seja ruim consigo mesmo?*
> *– Há! Tem gente que não precisa de obsessor para perturbar, já se aborrece sozinha: não se deixa fazer o que gosta, não se deixa falar o que pensa, não se deixa expressar o que sente, fica com vergonha do que falou, fica com vergonha do fora que deu, não gosta da silhueta que tem, não gosta do peso que tem, não gosta da voz que tem, e segue uma lista enorme de "fazer para agradar o outro": participar de uma festa que não quer, visitar a quem não quer, telefonar para ser amável, presentear só para ser gentil, assistir ao filme que não quer, etc.*

A não-posse de si é a causa da obsessão, não importando o tipo de obsessão ou obsessor que se tenha. A observação, a experiência, a pesquisa mostra que a auto-aceitação, que estar em si mesmo, que a alta auto-estima é a grande solução, porque se você ficar contra você, será o primeiro a se bater, a se machucar. Depois os outros virão seguindo esse rastro, e se você não fechar essa porta, não vai agüentar o que entrará por ela.

> *– Bem, mas se eu participo da festa e gosto, se presenteio, mas tenho prazer em ofertar... se telefono porque quero falar?*
> *– Aí é uma outra atitude, você está sendo verdadeiro, está centrado em si, não está posando de hipócrita para ser aplaudido. É outra situação, é outra energia.*

Nossa função aqui é educar nossa forma de ser, para uma dignidade maior, e dignidade não é ser aquilo que reza o boletim social, o boletim episcopal, o boletim familiar, mas ser aquilo que a natureza, em sua essência, solicita de você. É ter firmeza da aceitação de si, porque a pessoa que está se negando está negando a vida, está negando Deus, e não pode se sentir segura pela proteção divina que nega. Por outro lado, quando a pessoa não se nega, não rejeita partes de si, ela está muito mais segura... Ela não precisa ser um grande iluminado, não precisa ser espírita, nem ter qualquer religião institucionalizada, basta que tenha a humildade de se aceitar, já está bom.

> *– Sempre ouvi dizer que é porque a pessoa é médium que pega "carga" do outro.*
> *– Isso não é verdade. Esse é um outro conceito que também precisa ser revisto. Sou médium e não pego carga de ninguém, já basta a minha bagagem pessoal, que não é pouca, para ser administrada.*
> *– Geralmente, quando procuramos uma orientação no centro, nos informam que é preciso desenvolver a mediunidade, senão...*

Não é o trabalhar no centro espírita, não é o desenvolver a mediunidade, não é o ser dono do terreiro, não é o incorporar um "morto" ilustre, não é ser um pregador famoso, não é o celebrar uma missa que garante que você não terá uma obsessão. É o seu equilíbrio, a sua atitude, o seu comportamento interior. É a sua intenção, a sua virtude praticada na ação.

Trabalhar no centro não é garantia de nada, não garante que você não vai ficar obsediado. O que vai garantir a não obsessão são as suas conquistas interiores.

> *– Estou entendendo: O Trabalho no centro é uma atividade fora da pessoa. A conquista interior é uma atividade dentro da pessoa.*

– O que nos livra de dificuldades é a nossa firmeza, a nossa persistência no bem.

Quando uma pessoa aceita participar de um trabalho mediúnico, por manipulação do orientador, quer seja uma manipulação consciente ou inconsciente – "você precisa desenvolver sua mediunidade, senão..." –, quando vai por manipulação é porque é manipulável; quando ele vai por coação é porque é coagível. E um ponto bom para a reflexão desse orientador é que ele arranjou mais um perturbado para freqüentar esse grupo.

Dar uma orientação adequada, praticar exercícios bioenergéticos, práticas xamânicas, captação energética, passes, homeopatia (dada pelo médico), medicamentos alópaticos, quando necessários, florais, um grupo de apoio, uma escola de alerta... tudo isso é ajuda, e sabemos o quanto o conhecimento é importante. Mas não é a base da desobsessão.

– E qual é a base da desobsessão?
– É a personalidade, o jeitão, é o modo de ser da pessoa, que é o X da questão.

Não adianta explicar, não adianta ensinar a ela; e digo isso de cátedra, porque ensino há mais de trinta anos; não adianta ensinar o evangelho, o canto, a prece. A própria pessoa precisa querer reorganizar sua personalidade, suas crenças, seus condicionamentos, seus valores.

– E aqueles médiuns que quando deixam de ir ao centro trabalhar, adoecem!
– Esse médium é aquele que usa o centro para despejar o lixo psíquico que acumulou durante a semana. Ele vai absorvendo as tralhas de todo mundo que encontra, vai fazendo como um aspirador de pó, absorvendo a "poeira astral" além do que pode; nem de leve sonha que é um tremendo vaidoso; quando o depósito interno de lixo

está no limite, ele precisa descarregar aquilo em algum lugar. Então vai para o centro; se, por acaso, não há possibilidade, por qualquer razão, de ir naquela semana, na semana seguinte ele está aflito... E se ficar dez semanas "sem trabalhar", vai parar no hospital. Mas saiba, Alcli, que não é porque o santo de cabeça, ou o mentor, ou o anjo da guarda ficou bravo ou castigou, é porque ele estava sobrecarregado de lixo psíquico e precisava de um lugar para depositá-lo.

– Mas a mentalidade de muitos grupos religiosos é essa: trabalhe aqui. Se não trabalhar, você vai adoecer e parar no hospital.

– E o quanto você dá de validade para isso, Alcli?

– Eu? Nada!

– Ainda bem! Pensei que eu estava jogando pérolas aos porcos! Na mentalidade do "ou trabalha ou adoece", a pessoa vai trabalhar por medo, por obrigação, vai numa espécie de trabalho escravo: com medo, sem remuneração, sem prazer.

Agora, observe o teor de energia emanada pelo medo, pela obrigatoriedade, pela coação, pelo desprazer. Haja mentor e aparelhos astrais para o trabalho de coleta de lixo astral dos assistidos, mas muito mais dos médiuns.

Do ponto de vista de desenvolvimento, você está desenvolvendo o quê? Um clima de terrorismo. Há muita gente que ainda trabalha assim, e eu não estou criticando; cada um está fazendo o melhor que é capaz. E mais, aquele médium trabalhador, que abandona o trabalho, é mesmo muito capaz de adoecer, porque não tem mais onde despejar seu lixo psíquico. E essa profissão de lixeiro astralino que não tem onde depositar o material recolhido é dura.

– Ave! Você tem cada uma!

– Alcli! Estou mentindo?

– Não! Não disse que você mentiu. É esse seu jeito de explicar.

– O que vai contar não é o meu jeito de explicar, é o que você aproveita. E é de bom pensar que qualquer coisa que seja chamada de desenvolvimento mediúnico, se não burilar o ser humano, se não torná-lo confiante em si, nas próprias idéias, íntegro, auto-responsável, não valeu nada.

Educar, quer seja na escola, em casa, no espaço cultural, no centro espírita, no clube. Educar é desenvolver o potencial do ser, e se o potencial do ser não for tocado, é melhor fechar as portas; assim ninguém fica com ilusão de que está ensinando ou de que está aprendendo.

Pense num desenvolvimento mediúnico castrador ou libertador.

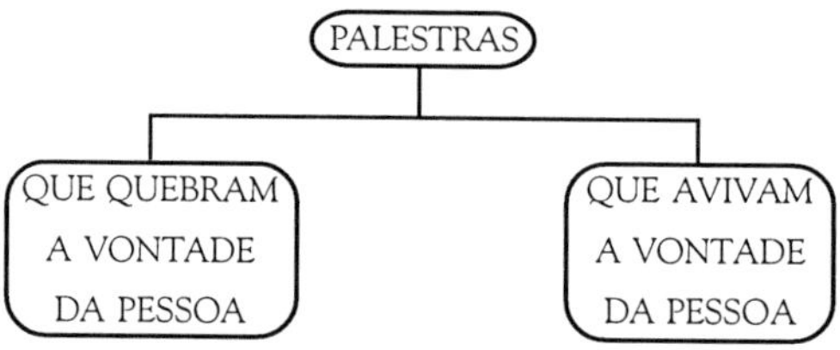

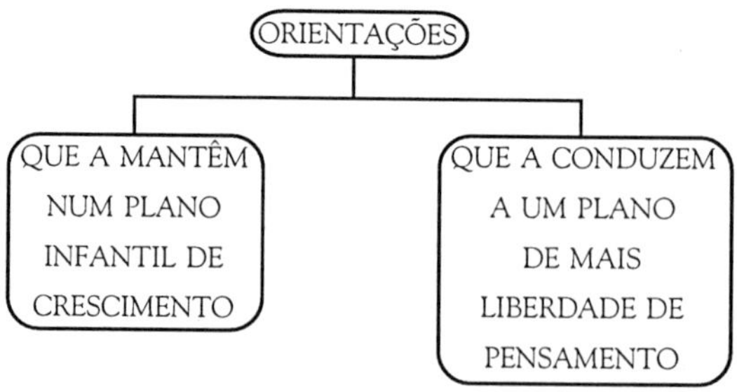

Pense em religiões com preconceitos, tradições inflexíveis, códigos de obediência cega, dogmas que não permitem reflexões, que ditam as normas de como o indivíduo deve se conduzir na vida:

- que conduzem à saúde psicológica;
- que nos colocam em contato com o nosso interior;
- que nos encorajam a um pensar independente;
- que ensinam a consultar a própria consciência;
- a estar em contato direto com Deus;
- que ensinam a ter um intermediário para chegar a Deus;
- que falam de ser um bom membro da congregação;
- que você será punido se não fizer o que a sua igreja manda.

Pense, observe, reflita, questione. Você ganhou da natureza inteligência e arbítrio. Usá-los não é pecado, é privilégio do ser.

Aquele caldo cultural está embalando a mente, o orientador do desenvolvimento mediúnico; cada um faz o melhor que pode, mas é bom não esquecer que:

- ser simplesmente obediente compromete o desenvolvimento das forças interiores;
- ao obedecer por longo tempo exigências externas, a pessoa perde sua capacidade de fazer uma opção responsável;
- a pessoa que renuncia a sua autonomia, renuncia também à capacidade de alcançar a virtude e a felicidade.

Quando você faz essas reflexões, está fortalecendo sua personalidade para embasar seus cinco, seis ou sete sentidos.

E vá além e observe que a pessoa que aprendeu a submeter-se à autoridade alheia descobre, mais cedo ou mais tarde, que não obtém recompensa pelo sacrifício feito em nome dê..., e muito menos felicidade; então, nascem aí a raiva e o ressentimento, que passam a ser uma dinâmica.

Ou pensamos num novo conceito de desenvolvimento mediúnico ou não vamos desenvolver nada; ou vamos desenvolver o potencial da pessoa e equilibrá-la em termos energéticos espirituais, ou só perdemos tempo, o dela e o nosso, ficando só na limpeza do lixo psíquico.

Um trabalho no campo da educação deve ser dignificante para elevar e promover o ser humano, ou então não é um trabalho educacional – e eu sou professora! Você não esqueceu.

Muitas pessoas freqüentam durante anos um grupo, uma seita religiosa, uma igreja e não crescem e não desenvolvem o potencial, o espírito.

Quem não amadurece não caminha.

Trabalhar educando, por amor ao ser humano, por amor à realização, para uma vida melhor, mais consciente, mais ampla, é muito diferente do trabalhar fazendo pelo outro, em nome da piedade, que é uma máscara da vaidade, ou em nome do medo.

> *– Por quê?*
>
> *– Quando faço por você e não o ensino a realizar por si mesmo, você passa da dependência do outro para a minha dependência, mas continua escravo; e se você der uma olhadela no sentimento que geralmente nutre quem executa, é qualquer coisa em torno de: "vou lá fazer para ele, porque senão ele fica sem; e eu, que sou bem maravilhoso, vou lá para...", como se o outro fosse menos, não tivesse capacidade de aprender, de acender sua própria luz.*

Buscamos usar o nosso trabalho, quer escolar, quer clínico para dar ferramentas ao nosso aluno ou cliente para que se torne livre, independente e ande com as próprias pernas; que participe, que seja co-criador, que brinde, e que não sofra a vida.

Aprendi, já há algum tempo, que o ser humano não é um coitado, que pensar o oposto é diminuir a natureza, é acreditar que Deus errou, é depreciar a obra divina.

Gente mais lúcida vai entender que nada está errado, que a natureza é sábia, que tudo está coerente, que o ser humano abriga a essência em si, e pode trazer esse brilho para fora.

Quem somos nós para dizer que o outro é vítima ou que a natureza errou, que o grande arquiteto negligenciou?

Não foi Deus que negligenciou... nós é que não temos amplitude na visão do todo.

Muitas vezes o aluno chega ao consultório numa situação pesarosa, mas é principalmente nessa hora que não se pode entrar nessa energia de auto-piedade, nem professor, nem aluno.

Não devemos sentir dó nem pena de ninguém! Ninguém é menos; antes é preciso trabalhar através do seu amor e do seu conhecimento, sabendo que você vai trabalhar com as idéias da pessoa.

Os grupos espíritas, as igrejas, trabalham quase sempre só em clima de obrigação.

> *– Ah! mas tem gente que gosta de dar passe, e outros de tomar passe.*
> *– Eu sei! Mas o passe não é tratamento espiritual, é tratamento energético.*
> *– Mas quando a pessoa toma passe, melhora!*
> *– E depois piora novamente, porque o passe não remove a causa do mal-estar. Tratamento espiritual é tratar o espírito, é tratar a mente, é tratar o modo de ser da pessoa e propor que ela use seu poder em seu favor, porque é ela que está usando seu poder contra si. Não vamos culpar ninguém pelo que nos aconteça; vamos, antes, perceber como nos colocamos em disponibilidade às companhias astrais. Coloque o obsessor na condição de convidado.*
> *– De convidado? Não é exagero?*
> *– A verdade precisa ser observada em favor da cura. Se não observarmos que temos responsabilidade sobre nós mesmos, como chegaremos à raiz da questão?*

Fica difícil cuidar de um doente que não quer eliminar a causa da doença. Não se pode oferecer ajuda, a menos que ele reaja.

Vale o alerta: muitas vezes a pessoa entra numa zona de acomodação, esperando do outro, iludindo-se de que é vítima, esquecendo-se de que quem sofre as conseqüências de seus atos é ela mesma e mais ninguém.

Procuro não entrar na história do meu aluno quando pergunto: "Em que posso ser útil? O que você busca aqui?"

Em resposta a essa questão, sempre vem uma história complicada, cheia de queixas, reclamações e culpas de outras pessoas sobre a vida dele.

> *– E você?*
> *– Eu escuto o tom da voz, às vezes mais parece um choro, leio a expressão do rosto, mas não vou ficar com essa primeira versão dos fatos, porque ele quer me passar a versão própria. Se eu ficar com isso, compro a ilusão dele. Aí, serão dois embarcando na ilusão.*
> *– Por que ilusão?*
> *– Porque todo sofrimento é uma ilusão. É preciso ir com calma para encontrar a verdade; sofreu, está iludido!*
> *– Ainda não ficou claro!*

É preciso não esquecer jamais que é na sintonia que o fenômeno mediúnico ocorre. Quando a pessoa não tem o menor controle sobre si, segue "a sintonia"... e aí, danou-se. "O que estou fazendo, permitindo essa situação na minha vida?",;"O que não estou assumindo?"; "Onde estou abrindo mão do poder, da responsabilidade individual?". Seria através da arrogância, do perfeccionismo, do exagero, do drama, da piedade, do constrangimento, da desvalorização, da crítica?

> *– Como funciona a crítica no processo mediúnico?*
> *– Não apenas no processo mediúnico. Quando voltamos nossa atenção para a crítica, recebemos uma carga de energia destrutiva.*
> *– Mas, e a crítica construtiva?*

– Alcli, a crítica é crítica, e não constrói nada, o que constrói é a consciência, é a aprendizagem de uma nova forma de reelaborar. Quando você diz para o seu aluno: "isto está errado, está ruim" (crítica), você não ensina como é o certo.

– E, por vezes, mesmo ensinando, ele não faz.

– É verdade, e fica pior quando mergulhamos na energia da crítica, pois ouvimos a opinião que nos fere, valorizamos a opinião, nos auto-abandonamos.

Se nos colocamos no território do auto-abandono, facilmente seremos visitados pela inveja, pelo ódio, pelo mal falar, pelo mal sentir.

Quando abrimos para isso, sentimos o mal-estar causado pelas vibrações que captamos dos outros, porque já tomamos a posição de submissão, no sentido de deixar que o desejo do outro nos domine. Quando já somos capazes de, quando já conquistamos a oportunidade de escolher o próprio roteiro na vida, já podemos viver como adultos, nos dirigindo a nós mesmos. Vacilamos e entregamos a vontade para o outro num ato de irresponsabilidade. O resultado disso é obsessão.

– Não importa o tipo de obsessão?

– Não importa o tipo, a não-posse de si é sempre a causa. Às vezes, o início está num simples constrangimento.

– Como?

– Oras, no constrangimento iniciamos a perda da posse, sentindo vergonha de nossa forma de ser. O constrangimento é o ponto mínimo de uma escala que atravessa as características da obsessão simples, seguindo para os aspectos mais densos da fascinação ou na perda mais ampla de si, que é a possessão.

– E quando já estamos num processo obsessivo, como saímos?

Há assistência de emergência, o pronto-socorro, onde cada um trabalha segundo sua formação, seu conhecimento:

- o médico ministra calmante de tarja negra para os casos mais graves – é uma espécie de desobsessão química;
- a assistência de desobsessão por captação energética é um trabalho mediúnico que deve ser feito apenas por pessoal treinado, de preferência com supervisão;
- há o trabalho corporal, a Bioenergética, que é a versão da Psicologia.

Esses são alguns caminhos de ajuda para quem está num processo obsessivo, mas a cura anda noutra direção, no rumo interno: de não ter vergonha de si, aceitar-se mais, tomar posse da própria vontade.

A função de cada um é educar-se, é ter mais dignidade, mais firmeza, assumir o próprio poder.

Quando não aceitamos nossa natureza, estamos negando a vida em nós, estamos negando a divindade em nós, e não conseguimos estar seguros pela proteção, pois estamos até sem perceber, negando isso.

> *– Espere! Não entendi!*
> *– Ah! também não espero que você entenda tudo. Basta guardar que não deve negar a vida em você; não precisa ser espírito de luz, não precisa ser religioso, basta apenas que o indivíduo tenha a humildade de se aceitar, já está bom.*
> *– Ficaram algumas implicações...*
> *– Realmente, fica a proposta de um novo pensar: 1º) Obsessor não é vilão, é colega de sintonia. 2º) "Se não desenvolver sua mediunidade, você não se cura". Trabalhar no centro não garante nada, principalmente se o trabalho cheirar a coação.*
> *– O que garante?*
> *– O que garante são suas conquistas interiores, sua firmeza. 3º) O conhecimento, a informa-*

ção, a escola, a orientação são ajuda, mas a base da desobsessão é a personalidade.

– Vou pensar um pouco sobre o assunto.

– Pense, e quando quiser, conversaremos novamente. Se não der para conversar, escreva-me.

– Para onde?

Meta Center

Maria Aparecida Martins

Rua Xavier de Almeida, 477 – Ipiranga
CEP: 04212-000 – São Paulo

Será um prazer receber sua carta!

Sucessos de ZIBIA GASPARETTO

Crônicas e romances mediúnicos.
Retratos de vidas nos caminhos da eternidade.
Mais de quatro milhões de exemplares vendidos.

• Crônicas: Silveira Sampaio
PARE DE SOFRER
O MUNDO EM QUE EU VIVO
BATE-PAPO COM O ALÉM
• Crônicas: Zibia Gasparetto
CONVERSANDO CONTIGO!

• Autores diversos
PEDAÇOS DO COTIDIANO
VOLTAS QUE A VIDA DÁ

• Romances: Lucius
O AMOR VENCEU
O AMOR VENCEU *(em edição ilustrada)*
O MORRO DAS ILUSÕES
ENTRE O AMOR E A GUERRA
O MATUTO
O FIO DO DESTINO
LAÇOS ETERNOS
ESPINHOS DO TEMPO
ESMERALDA
QUANDO A VIDA ESCOLHE
SOMOS TODOS INOCENTES
PELAS PORTAS DO CORAÇÃO
A VERDADE DE CADA UM
SEM MEDO DE VIVER
O ADVOGADO DE DEUS
QUANDO CHEGA A HORA
NINGUÉM É DE NINGUÉM

Sucessos de LUIZ ANTONIO GASPARETTO

Estes livros irão mudar sua vida!
Dentro de uma visão espiritualista moderna, estes livros irão ensiná-lo a produzir um padrão de vida superior ao que você tem, atraindo prosperidade, paz interior e aprendendo acima de tudo como é fácil ser feliz.

ATITUDE
SE LIGUE EM VOCÊ *(adulto)*
SE LIGUE EM VOCÊ - nº 1, 2 e 3 *(infantil)*
A VAIDADE DA LOLITA *(infantil)*
ESSENCIAL *(livro de bolso com frases para auto-ajuda)*
FAÇA DAR CERTO
GASPARETTO *(biografia mediúnica)*
CALUNGA - "Um dedinho de prosa"
CALUNGA - Tudo pelo melhor
CALUNGA - Fique com a luz...
PROSPERIDADE PROFISSIONAL
CONSERTO PARA UMA ALMA SÓ *(poesias metafísicas)*

série CONVERSANDO COM VOCÊ:
(Kit contendo livro e fita k7)
1- Higiene Mental
2- Pensamentos Negativos
3- Ser Feliz
4- Liberdade e Poder

série AMPLITUDE:
1- Você está onde se põe
2- Você é seu carro
3- A vida lhe trata como você se trata
4- A coragem de se ver

INTROSPECTUS:
Jogo de cartas para auto-ajuda.
Modigliani criou através de Gasparetto, 25 cartas mágicas com mensagens para você se encontrar, recados de dentro, que a cabeça não ousa revelar.

OUTROS AUTORES

Conheça nossos lançamentos que oferecem a você as chaves para abrir as portas do sucesso, em todas as fases de sua vida.

LOUSANNE DE LUCCA:
- ALFABETIZAÇÃO AFETIVA

MARIA APARECIDA MARTINS:
- PRIMEIRA LIÇÃO
"Uma cartilha metafísica"
- CONEXÃO
"Uma nova visão da mediunidade"

VALCAPELLI:
- AMOR SEM CRISE

VALCAPELLI e GASPARETTO:
- METAFÍSICA DA SAÚDE:
vol.1 (sistemas respiratório e digestivo)

ELISA MASSELLI:
- QUANDO O PASSADO NÃO PASSA
- NADA FICA SEM RESPOSTA
- DEUS ESTAVA COM ELE

RICKY MEDEIROS
- A PASSAGEM
- QUANDO ELE VOLTAR

MARCELO CEZAR (ditado por Marco Aurélio)
- A VIDA SEMPRE VENCE
- SÓ DEUS SABE

MÔNICA DE CASTRO (ditado por Leonel)
- UMA HISTÓRIA DE ONTEM

LUIZ ANTONIO GASPARETTO

Fitas K7 gravadas em estúdio, especialmente para você!
Uma série de dicas para a sua felicidade.

• PROSPERIDADE:
Aprenda a usar as leis da prosperidade.
Desenvolva o pensamento positivo corretamente.
Descubra como obter o sucesso que é seu por direito divino, em todos os aspectos de sua vida.

• TUDO ESTÁ CERTO!
Humor, música e conhecimento em busca do sentido da vida.
Alegria, descontração e poesia na compreensão de que tudo é justo e Deus não erra.

• série VIAGEM INTERIOR (1, 2 e 3):
Através de exercícios de meditação mergulhe dentro de você e descubra a força da sua essência espiritual e da sabedoria.
Experimente e verá como você pode desfrutar de saúde, paz e felicidade desde agora.

• TOULOUSE LAUTREC:
Depoimento mediúnico de Toulouse Lautrec, através do médium Luiz Antonio Gasparetto, em entrevista a Zita Bressani, diretora da TV Cultura (SP).

● série PRONTO SOCORRO:
Aprenda a lidar melhor com as suas emoções, para conquistar um maior domínio interior.
1. Confrontando o desespero
2. Confrontando as grandes perdas
3. Confrontando a depressão
4. Confrontando o fracasso
5. Confrontando o medo
6. Confrontando a solidão
7. Confrontando as críticas
8. Confrontando a ansiedade
9. Confrontando a vergonha
10. Confrontando a desilusão

● série CALUNGA:
A visão de um espírito, sobre a interligação de dois mundos, abordando temas da vida cotidiana.
1. Tá tudo bão!
2. "Se mexa"
3. Gostar de gostar
4. Prece da solução
5. Semeando a boa vontade
6. Meditação para uma vida melhor
7. A verdade da vida
8. "Tô ni mim"

● série PALESTRA
1- A verdadeira arte de ser forte
2- A conquista da luz
3- Pra ter tudo fácil
4- Prosperidade profissional (1)
5- Prosperidade profissional (2)
6- A eternidade de fato
7- A força da palavra
8- Armadilhas do coração
9- Se deixe em paz
10- Se refaça
11- O teu melhor te protege
12- Altos e baixos
13- Sem medo de errar
14- Praticando o poder da luz em família
15- O poder de escolha

PALESTRAS GRAVADAS AO VIVO:

• série PAPOS, TRANSAS & SACAÇÕES
1- Paz emocional
2- Paz social
3- Paz mental
4- Paz espiritual
5- O que fazer com o próprio sofrimento?
6- Segredos da evolução
7- A verdadeira espititualidade
8- Vencendo a timidez
9- Eu e o silêncio
10- Eu e a segurança
11- Eu e o equilíbrio

• série PALESTRA AO VIVO
1- Caia na real *(fita dupla)*

• LUZES
Coletânea de 8 fitas k7. Curso com aulas captadas ao vivo, ministradas através da mediunidade de Gasparetto.
Este é um projeto idealizado pelos espíritos desencarnados que formam no mundo astral, o grupo dos Mensageiros da Luz.

LUIZ ANTONIO GASPARETTO EM CD

Títulos de fitas k7 que já se encontram em CD

- Prosperidade
- Confrontando a ansiedade
- Confrontando a desilusão
- Confrontando a solidão
- Confrontando as críticas

LUIZ ANTONIO GASPARETTO

em vídeo

• SEXTO SENTIDO

Conheça neste vídeo um pouco do mundo dos mestres da pintura, que num momento de grande ternura pela humanidade, resolveram voltar para mostrar que existe vida além da vida, através da mediunidade de Gasparetto.

• MACHU PICCHU

Visite com Gasparetto a cidade perdida dos Incas.

• série VÍDEO & CONSCIÊNCIA

Com muita alegria e arte, Gasparetto leva até você, numa visão metafísica, temas que lhe darão a oportunidade de se conhecer melhor:

O MUNDO DAS AMEBAS

JOGOS DE AUTO-TORTURA

POR DENTRO E POR FORA

ESPAÇO VIDA & CONSCIÊNCIA

Acreditamos que há em você muito mais condições de cuidar de si mesmo do que você possa imaginar, e que seu destino depende de como você usa os potenciais que tem.

Por isso, através de PALESTRAS, CURSOS-SHOW e BODY WORKS, GASPARETTO propõe dentro de uma visão espiritualista moderna, com métodos simples e práticos, mostrar como é fácil ser feliz e produzir um padrão de vida superior ao que você tem. Faz parte também da programação, o projeto VIDA e CONSCIÊNCIA. Este curso é realizado há mais de 15 anos com absoluto sucesso. Composto de 8 aulas, tem por objetivo iniciá-lo no aprendizado de conhecimentos e técnicas que façam de você o seu próprio terapeuta.

Participe conosco desses encontros onde, num clima de descontração e bom humor, aprenderemos juntos a atrair a prosperidade e a paz interior.

EDITORA VIDA & CONSCIÊNCIA GRÁFICA

INFORMAÇÕES E VENDAS:

Rua Santo Irineu, 170
Saúde • CEP 04127-120
São Paulo • SP • Brasil
✆: (11) 5574-5688 / 5549-8344
FAX: (11) 5571-9870 / 5575-4378
e-mail: gasparetto@snet.com.br
site: www.gasparetto.com.br